dlegendes

Ausrüstung

Geocaching in der Praxis

Index

Geocaching I

Copyright Conrad Stein Verlag GmbH.
Alle Rechte vorbehalten.

Der Nachdruck, die Übersetzung, die Entnahme von Abbildungen, Karten, Symbolen, die Wiedergabe auf fotomechanischem Wege (z. B. Fotokopie) sowie die Verwertung auf elektronischen Datenträgern, die Einspeicherung in Medien wie Internet (auch auszugsweise) sind ohne vorherige schriftliche Genehmigung des Verlages unzulässig und strafbar.
Alle Informationen, schriftlich und zeichnerisch, wurden nach bestem Wissen zusammengestellt und überprüft.
Sie waren korrekt zum Zeitpunkt der Recherche.
Eine Garantie für den Inhalt, z. B. die immerwährende Richtigkeit von Preisen, Adressen, Telefonnummern sowie Internetadressen, Zeit- und sonstigen Angaben, kann naturgemäß von Verlag und Autor - auch im Sinne der Produkthaftung - nicht übernommen werden.

Der Autor und der Verlag sind für Lesertipps und Verbesserungen (besonders per E-Mail) unter Angabe der Auflagen- und Seitennummer dankbar.

Dieses OutdoorHandbuch hat 224 Seiten mit 135 farbigen Abbildungen und 9 farbigen Illustrationen. Es wurde auf chlorfrei gebleichtem, FSC®-zertifiziertem Papier gedruckt, in Deutschland klimaneutral hergestellt und transportiert und wegen der größeren Strapazierfähigkeit mit PUR-Kleber gebunden.

Dieses Buch ist im Buchhandel und in Outdoor-Läden erhältlich und kann im Internet oder direkt beim Verlag bestellt werden.

OutdoorHandbuch aus der Reihe „Basiswissen für draußen", Band 203

ISBN 978-3-86686-481-8 7., überarbeitete Auflage 2018

© BASISWISSEN FÜR DRAUSSEN, DER WEG IST DAS ZIEL und FERNWEHSCHMÖKER sind urheberrechtlich geschützte Reihennamen für Bücher des Conrad Stein Verlags

Text und Fotos: Markus Gründel
Lektorat: Kerstin Becker und Amrei Risse
Layout: Manuela Dastig

Gesamtherstellung: gutenberg beuys feindruckerei

Dieses OutdoorHandbuch wurde konzipiert und redaktionell erstellt vom:

Conrad Stein Verlag GmbH, Kiefernstr. 6, 59514 Welver,
☎ 023 84/96 39 12, FAX 023 84/96 39 13
✉ info@conrad-stein-verlag.de,
🖥 www.conrad-stein-verlag.de

Besuchen Sie uns bei Facebook & Instagram:

 www.facebook.com/outdoorverlag

 www.instagram.com/outdoorverlag

Titelfoto: Geocache mit Erstinhalt

Inhalt

Grundlegendes — 10
- Allgemeines — 11
- Die verschiedenen Organisationen — 16
- Caches — 18
- Der Travel Bug — 36
- Die Geocoin — 38
- Der Jeep 4x4 — 41
- Der Geotoken — 42
- Der Geopin — 43
- Der GeoTag — 43
- Die Wood Geocoin — 44
- Weitere Anhalter — 44
- Das Souvenir — 45
- Weitere Plattformen und Services für Geocacher — 45
- Walk-in-Shops für Geocacher — 52

Ausrüstung — 54
- Die Ausrüstung des Geocachers — 55
- Die Grundausstattung — 59
- Die erweiterte Grundausstattung — 67
- Wandercaches — 71
- Wintercaches — 73
- Klettercaches — 74
- Funk — 77
- Cachereparatur und Wartung — 78

Geocaching in der Praxis — 81
- Das Internet — 84
- Umgang mit dem GPS — 95
- Suchen eines Geocaches — 100
- Verstecken eines Geocaches — 123
- Natur & Umwelt — 142

Gefahren	144
Ausreden	147
Literatur rund ums Thema Geocaching	149
GC-Slang	153

Anhang — 161
Ver-/Entschlüsselungen	162
Quick-Links	205
Ersatz-Log-Zettel	215-216

Index — 219

Anzeige

Deutsche Wanderjugend

Auf Schatzsuche draußen unterwegs

Mit dieser aktualisierten Ausgabe halten Sie ein informatives Nachschlagewerk zum Thema Geocaching in den Händen. Schätze suchen, spannende Abenteuer erleben, wer hat als Kind oder Jugendliche/r nicht selbst Spaß daran gehabt? Draußen unterwegs zu sein kann so faszinierend sein. Es gilt, diese Reize aufs Neue zu entdecken. Spannende Themenwanderungen für Kinder (z. B. „Auf den Spuren von Harry Potter") oder eine mehrtägige Erlebnistour von Jugendlichen bleiben als positive Erinnerung fest verwurzelt.

Wandern ist vielfältig. Gerade Kinder nehmen Wandern deutlich anders wahr, als es beispielsweise Erwachsene tun. Kurzweilig geplante Erlebnistouren machen Kindern sehr viel Spaß, vorausgesetzt die Erwachsenen lassen sich auf die Erlebniswelt der Kinder ein und berücksichtigen dies entsprechend.

Kinder und Jugendliche bewegen sich viel und gern – sofern man ihnen den entsprechenden Freiraum lässt und passende Angebote bietet.

Der Freizeittrend Geocaching bietet neben den o.g. Möglichkeiten eine interessante und kurzweilige Alternative zum „klassischen Sonntagnachmittagsspaziergang".

Kinder entdecken dabei ganz spielerisch den attraktiven „Naturraum" für sich. Altersgerecht ausgewählte Geocaching-Touren bieten Spaß und vermitteln ganz nebenbei Wissen (z. B. aus den Rätseln der Geocaches) und Kompetenzen (Umgang mit Karte und Kompass, Natur- und Umweltschutz u. v. m.).

Jugendliche können zusammen mit ihrer Clique eigenverantwortliches Planen und Handeln erlernen, sich die notwendigen (Sozial-) Kompetenzen aneignen und dabei viel Spaß haben.

Grundlagen erlernen Kinder und Jugendliche nicht allein in der Schule, sondern beispielsweise auch in Kinder- und Jugendgruppen. Engagierte, ehrenamtliche Gruppenleiter/innen verwenden einen großen Teil ihrer Freizeit darauf, im Rahmen der außerschulischen Jugendbildung regionale Angebote zu entwickeln und bereitzuhalten (Gruppenstunden, Zeltlager, Spiele, Wettbewerbe …).

Außerschulische Jugendbildung bedeutet zudem eine Vermittlung sozialer Kompetenzen (Toleranz, Rücksichtnahme, Verantwortungsgefühl, Teamfähigkeit, Selbstdisziplin uvm.).

Die *Deutsche Wanderjugend (DWJ)* bietet als outdoororientierte Jugendorganisation bundesweit ein vielfältiges Angebot. In den Ortsgruppen der derzeit 58 Wandervereine unseres Dachverbandes sind gegenwärtig ca. 100.000 Kinder und Jugendliche organisiert. Das Spektrum der Aktivitäten ist vielfältig und reicht von wöchentlichen Gruppenstunden bis zu Internationalen Jugendbegegnungen. Schwerpunkte liegen im Bereich des „Jungen Wanderns". Aber auch Klettern, Naturschutz, Sport, Spiel und Tanz sowie die Heimat- und Brauchtumspflege gehören dazu.

Viele weitere Informationen sowie praktische Tipps und Hinweise zum Thema Wandern mit Kindern und Jugendlichen können auf den Internetseiten der *Deutschen Wanderjugend*, seinen Landesverbänden und Mitgliedsvereinen abgerufen werden.

Auf 🖥 www.wanderjugend.de finden Sie beispielsweise Informationen über Barfußwandern, Wandern mit Tieren (Lama, Esel …), Schneeschuhwandern, Urlaubstrekking und vieles mehr.

Wir wünschen Ihnen viel Freude am Geocaching und beim „Draußen unterwegs" sein.

Ihre
Deutsche Wanderjugend

🖥   www.wanderjugend.de, www.outdoor-kids.de, www.jugend-wandert.de

Grundlegendes

... kleine Ursache, große Wirkung - Cacher und GPS sind wohlauf

Allgemeines

Sicherheitshinweise

Der Verlag sowie der Autor übernehmen keinerlei Haftung für das Nachahmen der hier vorgestellten Tipps oder Fertigkeiten.

Geltende Vorschriften und Gesetze sind einzuhalten. Die Umsetzung der in diesem Buch genannten Tipps erfolgt auf eigene Gefahr!

Seit der ersten Auflage dieses Buches sind nun schon mehr als elf Jahre vergangen; aus dem ehemals konspirativen Hobby einiger weniger „Eingeweihter" ist eine große Bewegung mit einigen Millionen Begeisterten weltweit geworden. Inzwischen entdecken Touristiker, Hotels, Jugendgruppen, Vereine, Firmen und einige mehr Geocaching für sich – nicht immer zur Freude der langjährigen Cacher bzw. der Community. Geocaching befindet sich im Wandel und ich möchte mit dieser siebten, überarbeiteten Auflage umso mehr auf das Wie und Warum eingehen, Hintergründe erklären und allen Interessierten ein Hilfsmittel an die Hand geben, das Geocaching kennen und verstehen zu lernen.

Gerade angesichts der zunehmenden Masse an einfachsten Caches möchte ich mit diesem Werk anregen, mit der einen oder anderen Methode den eigenen Cache kniffeliger zu gestalten. Außerdem soll es als Nachschlagewerk für einen Teil der Verschlüsselungsarten dienen.

Ein beliebter Spruch in Geocacherkreisen lautet: „Wir spielen mit milliardenschwerer Technik des US-Militärs, und was macht ihr so bei euren Hobbys?" In diesem Sinne möchte ich dieses interessante Hobby hier näher beleuchten!

Cachergarn: Mein erster Geocache, oder: Wie ich der Schnitzeljagd 2.0 verfiel …

Es war 2002, die GPS waren deutlich teurer als heute, leisteten aber weniger: Graustufen-Displays, wenn überhaupt, dann nur rudimentärstes Kartenmaterial … Und doch übten sie auf mich als bekennenden PDA-User eine große Faszination aus – schließlich verkaufte ich sie bei meinem damaligen Arbeitgeber ab und an. Aber ein eigenes? So schlich ich Tag für Tag um die Vitrine mit den Schätzchen herum und überlegte mir, wofür man solche Geräte in einem Land, wo jeder Meter Wanderweg genauestens beschrieben ist, eigentlich brauchen könnte. Beim Fliegen oder auf See, das wollte ich schon einsehen, aber beim Wandern?

Kartenlesen war doch nun wirklich so schwer nicht! Eines Tages dann las ich in einem großen Outdoor-Magazin eine Randnotiz: „Schnitzeljagd mit GPS, www.geocaching.com". Meine Neugier war geweckt, Schnitzeljagd, das hatte ich immer schon gerne gemacht, nur dass sie viel zu selten stattfand – waren die meisten Eltern nach der ersten Organisation des Aufwandes schnell überdrüssig ... Abends daheim besuchte ich dann die Internetseite und schaute in meiner Umgebung nach Geocaches – super, am Stadtrand gab es einen Cache! Endlich war ein Nutzen und somit ein Alibi für die Anschaffung eines GPS gefunden!

Tags darauf ging es dann mit dem neu erstandenen Schätzchen auf in ein Gebiet, das mir aus Jugendtagen gut bekannt war. Die Nadel in der Kompassansicht zeigte beständig auf den Cache und die Entfernung nahm immer mehr ab. Nur noch 30 m, sollte es in dem Gebüsch voraus sein? Die Anzeige ließ keinen Zweifel, 20 m, 15 m, unter den tiefen Ästen hindurchgekrochen, 10 m, „Da!", ein Haufen aufgeschichteter Steine. Vorsichtig entfernte ich die obersten und schon bald kam der Deckel einer runden Plastikdose zum Vorschein. Vorsichtig öffnete ich sie und fand eine einlaminierte Kurzbeschreibung meines neuen Hobbys, ein paar Werbepräsente, ausrangiertes Kinderspielzeug, Stifte und natürlich ein Logbuch! Ich blätterte darin und musste feststellen, dass ich nicht der einzige war, der durch dieses Gebüsch gekrochen war, erst zwei Tage zuvor hatte jemand denselben Weg genommen.

Wieder daheim besuchte ich die Internetseite und loggte meinen ersten Geocache mit einem „Found", nicht ohne nach dem nächsten Ziel Ausschau zu halten, 25 km entfernt nahe der A2 – aber das ist eine andere Geschichte ...

Was ist Geocaching

Kurz gesagt handelt es sich beim Geocaching um die moderne Art der Schnitzeljagd, die in Anlehnung an das Internet gern auch als Schnitzeljagd 2.0 bezeichnet wird.

Das Wort Geocaching selbst ist eine Kombination der Worte Geo, griech. für Erde, und Cache, was im Englischen für geheimes Lager, also Versteck steht. Bereits *Karl May* hat den Begriff in seinen Amerika-Erzählungen verwendet! Auch im Computerbereich wird der Begriff Cache verwendet, hier wird ein Teil des Speichers so bezeichnet – soweit zur grauen Theorie der Wortschöpfung.

Wie funktioniert es nun?

Wie bei einer normalen Schnitzeljagd versteckt jemand (der Owner, Eigentümer) einen sogenannten Geocache, meist eine wasserdichte Dose mit einem Logbuch und einigen Tauschgegenständen.

Dann ermittelt er mit Hilfe eines GPS-Gerätes die exakten Koordinaten und stellt diese auf den einschlägigen Webseiten ins Internet. Und schon kann es losgehen!

Ausgestattet mit den Koordinaten des Schatzes und einem GPS-Empfänger geht es auf die Jagd!

Ist der Cache erst einmal gefunden, trägt sich der Finder im Logbuch des Caches ein. Weiter hat er die Möglichkeit, etwas aus dem Cache zu tauschen. Meist handelt es sich bei den Tauschgegenständen, auch Goodies genannt, um Werbepräsente oder Spielzeuge aus Ü-Eiern o. Ä., nichts von großem Wert. Wieder daheim oder mittels Smartphone nebst entsprechender App wird der Fund im Internet auf den entsprechenden Geocaching-Plattformen eingetragen (geloggt). Hier gibt man dann an, ob und was getauscht wurde und kann einen persönlichen Kommentar hinterlassen, wie einem der Cache gefallen hat.

Warum ist Geocaching so erfolgreich

Wer im Alltag keine Abenteuer erlebt, der macht sich welche, oder besser, lässt sie sich machen ...

Dank der Größe der Community mit so vielen kreativen Köpfen ist für jeden etwas dabei und es gibt immer etwas Neues zu erleben, zu treffen oder zu finden!

Das Erfolgsrezept des Geocachings ist eben seine Vielfalt, die Kreativität mit der die einzelnen Caches versteckt werden.

Und es ist ein Hobby für jedermann, egal ob jung oder alt, ob sportlich ambitioniert oder nicht. Für jeden und jegliche Vorlieben ist etwas dabei!

Es gibt die verschiedensten Anforderungen. Angefangen beim Lösen von Rätseln jeglicher Art über die verschiedensten sportlichen Disziplinen bis zum Klettern oder Gerätetauchen.

Aber auch – oder gerade – für die Sonntagswanderung mit den Kindern ist Geocaching perfekt geeignet. Gibt es nun endlich ein Ziel, das die Kleinen und auch die Großen motiviert! Und oft führt der Weg zu Orten, die man selbst so nie entdeckt hätte, nicht selten in heimatlichen Gefilden, wo man meint sich bestens auszukennen!

Wie ist Geocaching entstanden – Historie

Wie so vieles kommt auch das Geocaching aus den USA.

▷ **02.05.2000** Abschaltung der künstlichen Verfälschung (Selective Availability, S/A) des GPS (Global Positioning System). Dieser Schritt kam für viele überraschend und wurde erst einen Tag zuvor angekündigt.

▷ **03.05.2000** *Dave Ulmer* wollte die neu gewonnene Genauigkeit der Positionsangaben testen. Er vergrub einen schwarzen Eimer mit Tauschgegenständen (u. a. eine Dose Bohnen, die verrostet und nach Jahren wiedergefunden als *Orginal Can of Beans,* kurz *O. C. B.,* mit dem ☞ Tracking-Code TBGJAA als ☞ Travel Bug nun große Events in aller Welt besucht) und einem Logbuch nebst Stift in den Wäldern südöstlich von Portland. Er nannte das ganze „Great American GPS Stash Hunt" – wörtlich „große amerikanische Lagerjagd" – und stellte die einfache Regel auf: „Wer etwas aus dem Versteck nimmt, muss auch wieder etwas hineinlegen", die auch heute noch Bestand hat! Er speicherte die Position des Verstecks in seinem GPS und veröffentlichte diese in der Newsgroup *sci.geo.satellite-nav.* In den nächsten drei Tagen lasen verschiedene User den Thread mit den Koordinaten N 45° 17.460 W 122° 24.800 (bei GC unter GCGV0P, GC92 und GCF) in der Newsgroup und machten sich mit ihrem GPS auf, diese Position zu besuchen. Die Idee fand unter den Newsgroup-Lesern großen Anklang und so versteckten auch andere Leser Behälter und veröffentlichten die Koordinaten im Internet.

Während des ersten Monats sammelte *Mike Teague,* der erste Finder von *Ulmers* Eimer, diese Koordinaten aus der ganzen Welt und stellte sie auf seiner privaten Homepage online.

Hier wurde dann auch über einen geeigneteren Namen als „Stash Hunt" diskutiert, da das Wort „Stash" (Lager) negativ interpretiert werden kann. Das Wort „Geocaching" wurde als Erstes von *Matt Stum* in der Mailingliste *GPS Stash Hunt* benutzt, der damit den prägenden Namen für den neuen Sport schuf.

▷ **Juli 2000** *Jeremy Irish* stolperte auf der Suche nach Informationen zu GPS über die Homepage von *Mike Teague.* Die Kombination aus Outdooraktivität und Hightech ließ ihn nicht mehr los und so kaufte er sich ein GPS und zog aus zur Jagd. Nach ersten Erfahrungen auf der Suche nach

Caches entschloss er sich, eine Homepage für sein neues Hobby zu erstellen. Er übernahm den Begriff „Geocaching" und erstellte die Homepage 🖳 www.geocaching.com.

▷ **02.09.2000** 🖳 www.geocaching.com ging mit weltweit 75 Caches online.
▷ **02.10.2000** Mit *First Germany* GC77 versteckte *Ferenec* den ersten Geocache in Deutschland.
▷ **2001** Mit der Ausgabe der ersten *Moun10Bike*-Coin wurde die Geocoin geboren.
▷ **2002** Der erste ☞ Cito-Event
▷ **2008** Bis jetzt war Geocaching ein recht „konspiratives" Hobby, das nur von wenigen „Eingeweihten" ausgeübt wurde. Begriffe wie „elitär" findet man heute noch bei Recherchen.
▷ **März 2010** Die Marke von 1 Million aktiver Geocaches wurde geknackt. (Ein konkreter Cache kann leider nicht mehr nachvollzogen werden, aber einer, der sehr dicht an dieser magischen Zahl veröffentlicht wurde, ist GC23MCF.)
▷ **August 2011** Der *International Geocaching Day* findet seither jeden dritten Samstag im August statt.
▷ **28.02.2013** Mit GC46N4E wurde die Schwelle von 2 Millionen aktiven Geocaches überschritten.
▷ **2013** Der erste ☞ GIFF-Event
▷ **22.04.2017** Die Marke von 3 Millionen aktiven Geocaches wurde durchbrochen, leider ohne einen konkreten Cache zu benennen, dafür gab es aber ein ☞ Souvenir für alle Geocacher, die am 22. oder 23.04. einen Cache fanden oder einen Event besuchten.

◆ größtenteils und in Englisch nachzulesen unter
  🖳 www.geocaching.com/about/history.aspx
  🖳 www.geocaching.com/blog/2017/04/3-millionen-geocaches-die-infografik

Funktion von GPS

Grundlage für das Geocaching ist das amerikanische GPS-System, was diesen Sport erst ermöglicht. An dieser Stelle sei die Funktionsweise des Global Positioning Systems ganz kurz erläutert.

Das NAVSTAR GPS (NAVigation Satellite Timing And Ranging Global Positioning System) wurde in den 70ern vom amerikanischen Militär initiiert. Mitte der 90er wurde es komplettiert.

Von zzt. 36 Satelliten sind immer 24 aktiv. Auf sechs Bahnen, die in einem Winkel von 55° zum Äquator und 60° zueinander stehen, kreisen je vier aktive Satelliten in einer Höhe von 20.200 km um die Erde. Kontrolliert werden die Satelliten von fünf Bodenstationen rund um den Globus. So können an jedem Punkt der Erde zu jeder Zeit sechs bis zwölf Satelliten empfangen werden.

Was passiert nun?

Die Satelliten senden permanent ein Signal aus. Da die Positionen der Satelliten jederzeit genau bekannt sind, wird vom GPS-Empfänger eine Laufzeitmessung der Signale durchgeführt. Es wird also die Dauer des Signals von jedem empfangenen Satelliten zum Empfänger gemessen. Dadurch kann die genaue Entfernung zu dem jeweiligen Satelliten berechnet werden.

Der Empfänger benötigt die Signale von mindestens drei Satelliten, um die horizontale Position ermitteln zu können. Ein vierter Satellit ist erforderlich, um die Uhr des Empfängers mit den Uhren der Satelliten synchronisieren zu können. Jetzt kann der Empfänger auch die Höhe ermitteln.

Die für das Geocaching erforderlichen Kenntnisse zum praktischen Umgang mit dem GPS finden Sie im Kapitel ☞ Umgang mit dem GPS.

Wenn Sie weiterführende Information theoretischer Natur wünschen, empfehle ich die Lektüre der Bücher *Karte · Kompass · GPS*, OutdoorHandbuch Band 4, von *Reinhard Kummer*, erschienen beim *Conrad Stein Verlag* und *GPS · Grundlagen, Tourenplanung, Navigation*, OutdoorHandbuch Band 375, von *Michael Hennemann*, ebenfalls aus dem *Conrad Stein Verlag* – und vor allem den Besuch eines Workshops, welche von Vereinen, Volkshochschulen sowie einigen Outdoor-Fachhändlern angeboten werden. Hier werden oft die vielfältigen individuellen Fragen beantwortet und der Umgang mit GPS und PC in Theorie und Praxis erprobt.

Die verschiedenen Organisationen

Um einen Geocache finden zu können, muss er erst mal veröffentlicht werden, wofür das Internet das ideale Medium darstellt. Im Folgenden werden die bekanntesten Plattformen kurz vorgestellt.

Geocaching.com bzw. Groundspeak Inc.

🖳 www.geocaching.com
🖳 www.groundspeak.com

Geocaching.com, auch GC genannt, ist die populärste und erste professionelle Organisation (natürlich mit eigenen Apps für *Android* und *iOS*), welche im September 2000 mit weltweit 75 Caches online ging. Heute sind hier über 3,1 Mio. aktive Geocaches aus der ganzen Welt eingetragen, davon allein 380.000 in Deutschland. Die Seiten sind recht übersichtlich gestaltet und können inzwischen auch auf Deutsch umgeschaltet werden ohne eingeloggt zu sein. Sie können hier kostenlos einen Account einrichten, um Ihre Funde oder versteckten Caches zu veröffentlichen.

Dieser Seite sind auch das sogenannte ☞ *blaue Forum*, (🖳 forums.geocaching.com), der Blog (🖳 blog.geocaching.com), ein Wiki mit regionalen Besonderheiten (🖳 wiki.groundspeak.com) und FAQs (🖳 support.groundspeak.com) sowie die meist zu großen Events für eine gewisse Zeit lösbaren ☞ Lab-Caches (🖳 labs.geocaching.com) angegliedert.

Opencaching.de

🖳 www.opencaching.de

Opencaching.de, kurz OC, ist eine nicht-kommerziell betriebene deutschsprachige Schatzversteckdatenbank aus einem weltweiten Netzwerk von derzeit zehn nationalen Opencaching-Listingplattformen mit angegliedertem Blog (🖳 blog.opencaching.de), Forum (🖳 forum.opencaching.de) und einem umfangreichen Wiki (🖳 wiki.opencaching.de). *Opencaching.de* ist „historisch" mit der deutschsprachigen

Informationsplattform 🖳 www.geocaching.de verbandelt. Im Mai 2012 gründete sich für den Betrieb und die Weiterentwicklung der Betreiberverein „Opencaching Deutschland e.V.", bis dahin wurde Opencaching.de von der *Deutschen Wanderjugend* unterstützt und gefördert.

Für den verantwortungsbewussten und nicht englischsprachigen Anfänger lohnt hier der erste Einstieg. Ausführliche Erklärungen zum Geocaching sowie möglichen Gefahren und im Besonderen der Umweltschutz haben hier Platz gefunden.

Auf *Opencaching.de* bzw. OC sind über 25.000 aktive Caches gelistet und über 76.000 Cacher aktiv. Das Regelwerk von *Opencaching.de* ist in einigen Punkten gegenüber GC weniger streng. Auch gibt es hier andere Cachetypen, wie bewegliche Caches und virtuelle Caches, die bei GC nicht mehr versteckt werden dürfen. Seit Anfang 2009 werden die Benutzer auf ggf. vorhandene Schutzgebiete (z. B. Naturschutzgebiet, Naturparks u. v. m.) hingewiesen.

navicache

🖳 www.navicache.com

Ebenfalls eine große, überwiegend englischsprachige Plattform mit angegliederten Foren. Bei *navicache.com*, kurz NC sind weltweit 8.000 (davon allein in Deutschland über 3.300) aktive Geocaches gelistet.

Caches

Um eine bessere Übersicht zu gewährleisten, wurden die Caches in verschiedene Typen, unterschiedliche Größen (☞ Seite 30f.) und Schwierigkeitsgrade (☞ Seite 31f.) unterteilt.

Die verschiedenen Typen nach *Groundspeak Inc.*

Es gibt augenblicklich bei GC 19 unterschiedliche Typen mit jeweils einem eigenen Icon, von denen einige, die sogenannten Grandfathered Cache Types nur noch geloggt, aber nicht mehr versteckt werden können.

🖳 www.geocaching.com/about/cache_types.aspx

Der Traditional

Der Traditional ist der einfachste Cachetyp. An den im Internet veröffentlichten Koordinaten ist er auch versteckt. Er enthält mindestens ein Logbuch und je nach Größe auch Tauschgegenstände. Hierbei handelt es sich um den Urtyp, mit dem alles angefangen hat.

Der Multi-Cache

An den im Internet veröffentlichten Koordinaten beginnt der Multi-Cache und zieht sich über mehrere Stationen hin. Dies können bei der kürzesten Variante zwei, der Start und das Finale, sein. Es gibt aber auch Caches, die aus 20 oder mehr Stationen bestehen. Aus wie vielen Stationen ein Multi-Cache besteht, geht leider nicht immer aus der Beschreibung hervor. Daher sollten Sie unbedingt ausreichend Zeit einplanen! Auch in welcher Art und Weise er gestaltet ist, kann sehr unterschiedlich sein. In der einfachsten Variante finden Sie eine Dose, in der sich ein Hinweis mit den Koordinaten der nächsten Station befindet, die Sie dann ablaufen.

Oft führen die Wege von Multi-Caches auch an historischen und anderen mehr oder weniger markanten Orten, wie Schildern aller Art, Gedenktafeln, Grenzsteinen, Masten oder Windrädern vorbei, wo Sie dann eine Zahl finden, Aufgaben erledigen oder Fragen beantworten müssen, um die Koordinaten der nächsten Station ermitteln zu können.

Der Mystery/Puzzle

Die Koordinaten des Mystery, Puzzle oder Unknown haben mit dem eigentlichen Cache nichts zu tun, sollten aber nicht mehr als 2 Meilen (ca. 3,2 km) vom eigentlichen entfernt sein. Der Suche geht das Lösen eines oder mehrerer Rätsel voran. Vorgaben gibt es nur insofern, dass die zur Lösung des Rätsels benötigten Informationen frei zugänglich und durch die im Listing verfügbaren Informationen erkennbar sein müssen. Beispielsweise werden gern binäre, hexadezimale oder römische Zahlen, Farbcodes oder komplizierte Rechnungen genommen. Eine sehr interessante Variante ist das Verstecken von Hinweisen oder Koordinaten in Bildern.

Die Farbe der Schrift, mit der in dem Bild geschrieben wurde, weicht nur geringfügig von der Hintergrundfarbe des Bildes ab. Der Farbunterschied ist also mit bloßem Auge nicht auszumachen. Hier können Sie nur mittels der verschiedenen Tools eines Bildbearbeitungsprogramms, wie Füllwerkzeug oder Gammakorrektur, den Hinweis wieder sichtbar machen.

Eine weitere Möglichkeit ist hier in der Wahl des eigentlichen Caches gegeben. Es muss sich nicht zwingend um ein Behältnis handeln, sondern es kann auch nur ein Logbuch auf bzw. unter einer Magnetfolie sein, die an irgendeinem metallenen Gegenstand, z. B. einem Träger, angebracht ist.

Der Wherigo

Hier werden virtuelle Elemente mit der Realität gemischt. Voraussetzung ist ein GPS mit einem integrierten Wherigo Player, ein Smartphone mit entsprechender App (offizielle *Wherigo*-App für *iPhone* oder *WhereYouGo* für *Android*) oder ein WindowsMobile-Gerät (für die es den Player zum Download unter 🖥 www.wherigo.com gibt), um die „cartridge", die es im Cachelisting zum Download gibt, abzuspielen. Alternativ gibt es *openWIG* für Java-fähige-Geräte: 🖥 code.google.com/p/openwig. Der Fantasie sind bei den Wherigos keine Grenzen gesetzt, von Stadtführungen bis Abenteuer-Rollenspielen ist alles möglich. ☞ Wherigo

Die Letterbox Hybrid

Letterboxing ist eine weitere und ältere Variante der Schnitzeljagd. Entstanden ist es bereits im Jahr 1854 in Dartmoor/England. Mit der Hilfe von Mitteln der klassischen Navigation wie Himmelsrichtung, Gradzahl, Entfernungen und Schritten, aber auch Kompass, Karte oder Skizze ist die Letterbox ausfindig zu machen. Sie ist oft tatsächlich ein Briefkasten und muss allein durch die Beschreibung und den dort enthaltenen Hinweisen gefunden werden.

Eine Letterbox beinhaltet neben dem Logbuch einen eigenen Stempel. Einige sind auch unter 🖥 www.letterboxing-germany.info eingetragen.

Der Earthcache

Dieser Cachetyp macht auf einzigartige geologische Phänomene aufmerksam. Eine physische Dose ist hier nicht versteckt. Vielmehr gilt es Fragen, die im Cache-Listing gestellt werden, zu dem entsprechenden geologischen Phänomen vor Ort zu recherchieren und via E-Mail an den Owner zu beantworten.

Wer Spaß am Sammeln von Auszeichnungen hat, kann über die gefundenen Earthcaches je nach Anzahl, Ländern etc. zum Earthcache-Master in unterschiedlichen Graden aufsteigen. Die konkreten Aufgabenstellungen und Informationen zu den einzelnen Earthcaches gibt es neben dem Listing unter 🖳 www.earthcache.org.

Der Event

Bei dem Event-Cache handelt es sich um ein Treffen von Geocachern für Geocacher, um sich auszutauschen und gemeinsam cachen zu gehen. In vielen Regionen gibt es mehr oder weniger regelmäßige Stammtische – die bei GC gelisteten Events finden Sie unter 🖳 www.geocaching.com/calendar/.

Ein Event sollte spätestens zwei Wochen und frühestens drei Monate im Voraus im Internet eingestellt werden, den konkreten Zeitpunkt des Treffens benennen und eine Mindestdauer von 30 Minuten haben.

Der Mega-Event

Hierbei handelt es sich ebenfalls um ein Treffen von Geocachern, allerdings in einer Dimension von mindestens 500 Teilnehmern! Der Mega-Status muss im Vorfeld beantragt werden, die Dauer sollte mindestens 4 Stunden betragen.

Der Giga-Event

Die Steigerung des Mega-Events welcher nur selten stattfindet. Hierfür müssen mindestens 5.000 ☞ Will-Attends vorliegen und entsprechende von *Groundspeak Inc.* freigegeben werden. Der weltweit erste Giga-Event fand am 16.8.2014 unter GC4K089 im Olympia-Stadion in München statt.

Der CITO-Event
CITO steht für „Cache In Trash Out", was wörtlich „Cache hinein Müll hinaus" übersetzt bedeutet, natürlich ist die Reihenfolge in der Praxis umgekehrt. Dieser Event wurde geschaffen, um Geocacher zum Einsammeln von Müll in Parks, an Stränden etc. zu motivieren.

Aber auch allerlei weitere Aktionen, die zum Schutz und Erhalt unserer Umwelt und damit unseres Spielfeldes dienen sind denkbar. So hat es schon Aufforstaktionen, Führungen von entsprechenden Verbänden bis hin zu Renaturierungsmaßnahmen gegeben!

Die Dauer ist hier auf mindestens eine Stunde angesetzt. Weitere Infos finden Sie unter 🖳 www.cacheintrashout.org.

Besondere Cachetypen

Der Project A.P.E. Cache
Zum Kinostart der Neuverfilmung des *Planet der Affen* (A.P.E. steht für Alternative Primate Evolution) wurden 2001 14 Caches mit Original-Requisiten aus dem Film versteckt, wovon heute noch einer unter GCC67 in Brasilien und ein zweiter nach einer längeren ☞ Archivierungspause unter GC1169 bei Seattle in den USA zu finden ist.

Der Groundspeak Headquarters Cache
Wer einmal die USA besucht, sollte das Geocaching Headquarters GCK25B von *Groundspeak Inc.* in Seattle (Terminabstimmung empfohlen!) besuchen, hierfür gibt es ebenfalls ein eigenes Icon.

Das GPS Adventures Maze Exhibit
Dies ist eine Wanderausstellung (2007 bis 2012 in den USA, 2013 in Prag/Tschechien, 2015 zum Giga-Event in Mainz/Deutschland, 2016 in UK, 2017 in Tschechien und 2018 in Österreich), in der für alle Altersklassen die Themen GPS und Geocaching mit verschiedensten, auch interaktiven Elementen erklärt werden.

Der Lab-Cache
Sie werden meist im Rahmen von Mega- und Giga-Events für einen gewissen Zeitraum (meist zwei Wochen) freigeschaltet. Hierbei han-

delt es sich vornehmlich um Caches, wo eine Information ermittelt und zur Logfreigabe auf der gesonderten Homepage 💻 labs.geocaching.com eingegeben werden muss.

Cachetypen, die nicht mehr versteckt werden können

Diese sogenannten Grandfathered Caches können bei *Geocaching.com* nicht mehr versteckt, aber mit Ausnahme des Locationless gelogged werden.

Der Virtual

Bei dem virtuellen Cache handelt es sich um einen dauerhaften existenten Punkt, an dem jedoch kein Cachebehälter versteckt werden kann. Der Cacher muss diesen Punkt aufsuchen, um anschließend dem Owner eine Frage zu diesem Punkt beantworten zu können und/oder ein Foto davon zu mailen. Erst dann gibt es eine Logerlaubnis.

Für viele Geocacher überraschend wurden am 24.08.2017 weltweit 4.000 neue Virtual-Reward-Caches freigeschaltet, die an ehrenamtliche Unterstützer von *Groundspeak Inc.* (und nach einem bestimmten Schlüssel) und besonders gut versteckende Cacher vergeben wurden. Diese hatten ein Jahr Zeit die vorbereiteten und nicht adoptierbaren Listings mit Leben/Aufgaben zu füllen und online zu stellen.

Der Webcam

Hier wird eine bestehende Webkamera, die in der Regel durch Dritte angebracht wurde, benutzt. Der Cacher soll sich hier ins rechte „Bild" bringen und durch die Webkamera fotografieren lassen. Mit einem Smartphone kein Thema mehr, so die Netzabdeckung mitspielt …

Die Webcam-Caches sind auch als eigene Rubrik auf 💻 www.waymarking.com zu finden.

Der Locationless

Locationless oder auch Reverse Virtual Caches waren Varianten der virtuellen Caches. Hier gab es keine festen Koordinaten, die aufgesucht werden mussten, sondern man suchte Objekte, die zu den Bedingungen des Listings passten. Recht bekannt die gelbe Telefonzelle, der Löwe oder das Feuerwehrauto, um nur einige zu nennen. Hiervon wurde dann ein Foto gemacht und die Koordinaten, an denen sich das gesuchte Objekt befand, beim Log eingetragen. Alle Locationless Caches wurden im Januar 2006 auf 🖥 www.waymarking.com übertragen und sind auf 🖥 www.geocaching.com nicht mehr verfügbar.

Der 10 Years! Event Cache
Zum 10-jährigen Geburtstag des Hobbys Geocaching konnten vom 30.4. bis 3.5.2010 Geburtstags-Events veranstaltet werden, die ein spezielles Icon bekamen.

Groundspeak Block Party
Von 2011 bis 2015 fand einmal jährlich, meist im August, im Headquarter von *Groundspeak Inc.* in Seattle die Block Party statt – natürlich mit einem eigenen Icon.

Benchmarks
Die Vermessungspunkte in den USA können mit einem eigenen Icon in einer eigenen Statistik geloggt werden. Ein wenig versteckt in der Fußnote unten rechts unter „Find a Benchmark" von 🖥 www.geocaching.com gelangt man auf die Suchmaske, wo die ID-Nr. des Benchmarks eingegeben werden muss.

Die verschiedenen Typen nach *Opencaching.de*

Unter 🖥 www.opencaching.de kennt man zzt. zehn verschiedene Arten von Caches, die ganz oder teilweise von denen im vorherigen Abschnitt abweichen. Aufgrund der Differenzierung der verschiedenen Typen ist es hier klarer, auf welche Art von Aufgaben sich eingelassen wird.

Normaler Cache
Die veröffentlichten Koordinaten geben die Position des Caches an, wie bei GCs Traditional.

Benchmark

Drive-In
Wie ein normaler Cache, jedoch ist in unmittelbarer Nähe ein Parkplatz und es ist keine spezielle Ausrüstung zum Bergen erforderlich.

Multicache
Die angegebene Position ist der Start des Caches, der sich über verschiedene Stationen erstreckt. Die Anzahl ist nicht festgelegt. Die Lösung der Aufgaben und Rätsel muss vor Ort möglich sein.

Rätselcache
Hierbei kann es sich um einen normalen, virtuellen oder Multicache handeln. Allerdings benötigt die Lösung des oder der Rätsel weitere Recherchen vor Ort oder im Internet.

Mathe-/Physikcache
Auch hier ist wie beim Rätselcache die Art nicht vorgeschrieben. Jedoch müssen eine oder mehrere Aufgaben aus dem Bereich Mathematik oder Physik gelöst werden, die über das „normale Cacher-1x1" hinaus gehen.

Beweglicher Cache
Bei dieser Art wird der Cache von jedem Finder an einem neuen Ort versteckt. Die neue Position oder Aufgabe zum Ermitteln der selbigen müssen im Logeintrag veröffentlicht werden.

Virtueller Cache
Hier gibt es am Ziel keine Dose zu finden. Jedoch ist eine Information (die nicht über das Internet bezogen werden kann) zu ermitteln oder ein Foto zu schießen, welches dem Cachebesitzer als Nachweis dient, dass die Zielkoordinaten auch tatsächlich besucht wurden.

Eine besondere Variante ist der mit einem eigenen Attribut gekennzeichnete Safari-Cache. Er ist an keinem festen Ort gebunden – quasi das Equivalent zu dem ☞ Locationless bei GC.

Webcam Cache
Auch hier gibt es keinen physischen Cachebehälter. An den Koordinaten muss ein Foto (meist von sich selbst) mittels einer dort installierten Webcam aufgenommen werden, welches dem Logeintrag hinzugefügt wird.

Event Cache
Ein Treffen von mehreren Geocachern, Vorgaben zu Art und Ort gibt es nicht.

Unbekannter Cachetyp
Dies kann alles sein, was nicht zu den vorher aufgeführten Typen passt, wie die Letterbox.

Caches, die kein eigenes Icon besitzen

Die Vielzahl der Caches mit den unterschiedlichsten Ausrichtungen ließ die Plattformbetreiber recht schnell eine weitere Filtermöglichkeit in die Beschreibungen implementieren: Sogenannte Attribute können im Cachelisting zusätzlich eingefügt werden. Je nach Plattform stehen mehrere Dutzend zur Auswahl, z. B. kinderfreundlich, Zeitaufwand ist kürzer als 1 Stunde, Streckenlänge unter 5 km, UV-Licht erforderlich, Giftpflanzen, Zecken, Schlangen, aber auch Nachtcache, Lost Place und Caches mit einem ☞ *Chirp*, die nachfolgend beschrieben werden:

Der Angelcache

Auch als Biltema-Cache bekannt. Biltema ist der Name einer skandinavischen Baumarktkette, bei der es allerlei Utensilien, eben auch zum Angeln, gibt, u. a. sogenannte Stippruten. Dies sind ausziehbare, meist aus Carbon gefertigte Angelrouten mit einer Länge von 3 bis 10 m. Versieht man sie mit einem Drahthaken, können kleine Cachebehälter in großer Höhe, z. B. an Ästen von Bäumen, platziert werden. Diese Art von Caches war schon geraume Zeit in Skandinavien populär, bevor sie auch in den deutschsprachigen Raum kam. Da es sich bei Biltema um einen Eigennamen handelt, darf dieser auf einigen Plattformen nicht genannt werden … so hilft aufmerksames Lesen der Cachebeschreibung!

Caches mit einem Chirp

Ende 2010 brachte der GPS-Hersteller *Garmin* den *Chirp*, einen 34x24x8 mm kleinen Sender, auf den Markt, der von den hauseigenen GPS mit ANT-Schnittstelle angepingt werden kann und dann eine kurze Information preisgibt. Die Reichweite beträgt ca. 10 m, kann aber je nach Gelände-/Versteckgegebenheiten stark variieren! Die Information, die der *Chirp* zum GPS übermittelt, besteht aus dem Namen (max. 9 Zeichen), einer Notiz (max. 50 Zeichen), einer Folgekoordinate und der Anzahl der Besucher. Betrieben wird der *Chirp* mit einer CR2032, die je nach Anzahl der Besuche ca. 1 Jahr hält. Caches mit *Chirp* sind mit dem Beacon-Attribut versehen. (📷 ☞ Seite 28)

Der Challenge-Cache

Bei allen physischen Caches gilt: Wenn sich der Cacher in das Logbuch eingetragen hat, dann darf er den Cache auch online loggen.

Caches mit einem Chirp

Für eine kurze Zeit gab es bei GC den Cachetyp Challenge, zu Deutsch Herausforderung. Nach dessen Abschaffung zeigte sich, dass die Cacher sehr wohl Herausforderungen lieben, und so wurden die Challenge-Caches erfunden. Es handelt sich um Caches, die als Mystery gelistet werden, deren Cachebehälter aber (entgegen den sonst üblichen Gepflogenheiten für Mystery-Caches) an den genannten Koordinaten versteckt ist. Um dieses deutlich zu machen, muss der Name des Caches das Wort „Challenge" enthalten. Im Listing definiert der Owner die Herausforderung, wie z. B. „im Monat März 200 Caches gefunden zu haben", welche er selbst auch erfüllt haben muss! Ferner muss die Herausforderung über die Seiten von 🖳 www.geocaching.com kontrollierbar sein – hier sollte ein Challenge-Checker, wie bei 🖳 www.project-GC.com unter Tools zu finden, eingebunden werden. Hat ein Cacher die Herausforderung (letztlich Logbedingung) erfüllt, so darf er diesen Cache suchen und loggen.

Der Echtzeitcache

Ein Echtzeitcache muss innerhalb einer bestimmten Zeitvorgabe gelöst werden. Oft ist er als Multi- oder Mystery-Cache mit vielen Stationen ausgelegt. Meist werden verschiedene Teams benötigt, um die gestellten Aufgaben innerhalb der vorgegebenen Zeitfenster lösen zu können. Einer der ältesten und bekanntesten Caches dieser Art ist *24* (GC1AGHB), wo sich ein Innenteam und zwei Außenteams von 18:00 bis 2:00 im Dauerstress befanden und mit öffentlichen Verkehrsmitteln durch Frankfurt bewegt wurden. Eine Liste von Echtzeitcaches findet sich unter 🖥 www.saarfuchs.com/2015/10/echtzeitcaches-uebersichtlich-nach-bundeslaendern-sortiert.html

Der Lockpicking-Cache
Beim Lockpicking geht es darum, Schlösser mit speziellem Werkzeug (wie es Schlüsseldienste und zwielichtige Zeitgenossen verwenden) zu öffnen. Lockpicking-Caches sind seit einiger Zeit in Mode gekommen, hier können einfache Schlösser, Vorhängeschlösser, aber auch kompliziert zu öffnende Schlösser vorkommen. Meist ist schon im Name des Caches ein Hinweis auf die zusätzliche Ausrüstung gegeben, spätestens aber in der Cachebeschreibung. ☞ ECGA ☞ Lockpicking-Set

Der Lost-Place-Cache
Bei dem Lost Place handelt es sich, wie der Name schon vermuten lässt, um einen verlorenen Platz.

Meist sind mit dieser Bezeichnung alte, nicht mehr genutzte industrielle oder militärische Gelände umschrieben. Diese Caches haben oft eine höhere Bewertung in der Schwierigkeit (Difficulty) und im Terrain, sind sehr spannend und sie sind nicht jedermanns Sache! Das Betreten dieser Gelände ist in vielen Fällen zwar nicht untersagt, jedoch meistens nur geduldet. Wer sich also auf Lost Places begibt, sollte sich bewusst sein, wo er sich herumtreibt, und sich über mögliche Konsequenzen seines Handelns/Besuchs im Klaren sein. Dazu gehört u. a., dass man nicht mit Kind und Kegel dort suchen geht oder dieses fotografisch dokumentiert, um es obendrein noch ins Internet zu stellen!

Der Nachtcache
Bei einem Nachtcache handelt es sich um einen Geocache, der ausschließlich des Nachts gelöst werden soll. Er ist üblicherweise als Multi-Cache mit einer nennenswerten Anzahl von Stationen angelegt. Bei den meisten Nachtcaches wird mit Reflektoren jeglicher Art gearbeitet. Aber auch fluoreszierende oder auf

ultraviolettes (UV) Licht reagierende Farben sowie allerlei Basteleien (oft handwerkliche Meisterstücke) von aktiven Lichtern (die auf den Lichtschein einer Taschenlampe aus einem bestimmten Winkel reagieren) bis hin zu Lasern finden hier ihren Einsatz. Da in der Vergangenheit viele Cacher derartig ausgelegte Caches auch tagsüber gelöst haben, haben sich viele Owner sogenannte Tagsicherungen einfallen lassen. Eine plattformübergreifende Übersicht ist unter 💻 www.cachewiki.de/wiki/Liste:Nachtcaches gehostet.

Die verschiedenen Größen

Microcaches

Nanocaches

Der Micro (XS)

Kann bis zu 100 ml groß sein. Verwendet wird hier oft PETling oder eine 35mm-Filmdose (oft auch kleinere Behälter). Meist befindet sich in diesem Cache nur ein Logbuch nebst Stift.

Eine besondere Variante sind die sogenannten **Nano**-Caches. Hierbei handelt es sich um kleinste Behältnisse in denen nur kurze Logstreifen Platz finden.

Gerne werden die Adress-Anhänger für Haustiere, wie auch die kleinen Dosen, in denen die homöopathischen Kügelchen aufbewahrt werden, oder die kleinen Röhrchen für Zirkelminen verwendet. Eine besondere Variante sind die nicht einmal fingergliedkleinen, aufschraubbaren Magnetdosen, die schnell mit einer Hutmutter verwechselt werden können. Diese finden Sie in einigen Online-Shops.

Der Small (S)
Alles, was sich größenmäßig zwischen Filmdose und Butterdose bewegt. Je nach Quelle und Plattform von 100 ml bis 1 l.

Der Regular (M)
Hier sollte eine CD hineinpassen. Beliebt sind beispielsweise ausgediente Munitionskisten. Je nach Quelle und Plattform 1 bis 20 l.

Small mit gut getarnter Umverpackung

Der Large (L)
Alle Behältnisse, die 20 l oder größer sind. Es wurden schon ganze Schränke, sogar Räume als Geocaches benutzt.

Der Other (other)
Alles was nicht in die vorgenannten Definitionen passt, also kein physikalisches Behältnis ist. Hier gilt es aufmerksam die Beschreibung zu lesen, eine Magnetfolie ist nur eine von vielen Möglichkeiten. In einigen Ländern werden Nanocaches auch (richtig ist Micro!) als Other gelistet.

Die verschiedenen Schwierigkeitsgrade

Eine weitere Filtermöglichkeit für die Auswahl eines Cache sind die Schwierigkeitsgrade. Über alle gängigen Plattformen hat sich ein Rating von 1 bis 5 für die Schwierigkeit (**D-Wertung**, wie Difficulty) als solche und die Schwierigkeit des Geländes (**T-Wertung**, wie Terrain), in dem der Geocache liegt, durchgesetzt.

Difficulty · Wie schwierig ist der Cache versteckt

1. **Leicht**: klar ersichtlich, ein Anfänger sollte den Cache in kurzer Zeit finden
2. **Mittelmäßig**: ein etwas erfahrener Cacher muss schon einmal eine halbe Stunde suchen
3. **Herausforderung**: ein erfahrener Geocacher braucht schon einmal einen halben Tag für die Lösung/Suche

4. Schwierig:	ein erfahrener Geocacher kann schon einmal mehrere Tage/Anläufe für die Lösung benötigen, spezielle Fertigkeiten oder Wissen sind hier oft erforderlich
5. Sehr schwierig:	Spezialkenntnisse sind zwingend erforderlich, der Weg zur Lösung kann sich über Tage hinziehen

Ein D-1er-Cache wäre eine Dose, die offensichtlich, ohne irgendwelche Tarnung, z. B. an einem Baum (egal welche Höhe!) hängt.

Ein filmdosengroßer PETling, der mit Kunstrasen beklebt ist und in einer Wiese, ohne jeglichen erkennbaren markanten Punkt wie Zaunpfahl etc. in der Nähe, einfach in den Boden gedrückt wird, ist deutlich schwieriger zu finden: Er ist klein, gut getarnt und man hat mit der physikalisch bedingten Ungenauigkeit von bis zu 10 m zu kämpfen und somit eine große Fläche abzusuchen. Ein derartiger Cache ist je nach persönlicher Einschätzung und Region mit einer D-Wertung von bis zu 3,5 zu bewerten.

Terrain ·
Wie schwierig ist das Gelände, in dem der Cache versteckt ist

1. Behindertengerecht:	ein Rollifahrer sollte ihn bergen können
2. Kindertauglich:	zurückzulegende Wegstrecken bis ca. 3 km
3. Nichts für kleine Kinder:	Strecken länger als 3 km, unwegsames Gelände, Kriechen oder leichte Klettereien (Räuberleiter, Bäume mit vielen Ästen bis zu einer Höhe von ca. 4 m) sind erforderlich
4. Lange Wanderungen:	schwieriges, wegloses Gelände, Gleiten2 (eine äußerst schmutzintensive Art der Vorwärtsbewegung, bei der man sich auf dem Bauch liegend fortbewegt), Klettereien (macht nicht jeder mehr ohne Ausrüstung)
5. Sehr schwierig:	Spezialausrüstung wie Boot, Klettermaterial oder Gerätetauchausrüstung **und** das Wissen um den richtigen Umgang mit selbiger sind unabdingbar!!!

An einen T-1er-Cache kann ein Rollifahrer ohne Probleme heranfahren, ein T-5er hängt beispielsweise in 20 m Höhe in einem Baum ohne Geäst am Stamm.

Hilfreich für die Bewertung ist ein Schwierigkeitsgradrechner wie bei den deutschen Reviewern 🖳 www.gc-reviewer.de/hilfe-tipps-und-tricks/schwierigkeits-gelaendewertung/ oder 🖳 www.dragon-cacher.de/geocaching/bewertungsbogen.html.

Loggen von Caches

Haben Sie den Cache erst einmal gefunden und sind wieder daheim, sollten Sie ihn auch im Internet auf der entsprechenden Plattform loggen. Bei OC sind die Log-Typen sehr schön übersichtlich gehalten und selbsterklärend:

 Gefunden, grünes Häkchen

 Nicht gefunden, rotes Fragezeichen

 Bemerkung, weißes Notizblatt

GC hat hier eine deutlich weiter gefasste Auswahl an Log-Typen (auch für die unterschiedlichen Arten von Caches) zur Verfügung:

 Found it, wie gefunden, gelber lachender Smiley.

 Didn't find it, kurz **DNF**, nicht gefunden, blauer trauriger Smiley. Diesen Log-Typ sollten Sie mit etwas Vorsicht verwenden. Oft ist es so, dass man ein Versteck aus „Betriebsblindheit" übersehen hat. Vor einem DNF sollten Sie immer erst den Owner kontaktieren, um sicherzugehen, dass Sie kein Versteck übersehen haben. Ein DNF-Log schreckt potenzielle Finder oft von der Suche ab und das ist schade, wenn es zu Unrecht geschieht, nur weil der vorherige Cacher nicht alle Versteckmöglichkeiten sondiert hat.

 Webcam photo taken, Webcam-Foto aufgenommen, weiß-graues Bild. Wird geloggt, wenn ein Foto bei einem Webcam-Cache gemacht wurde.

 Will attend, werde teilnehmen, grauer Briefumschlag mit Siegel. Mit diesem Log-Typ teilen Sie mit, dass Sie an dem entsprechenden Event teilnehmen werden.

Attended, teilgenommen, zwei gelbe Smileys. Loggen Sie, wenn Sie an einem Event teilgenommen haben.

 Announcement, Bekanntmachung, graues Megafon. Kann nur von dem Owner (Ausrichtenden) eines Events geloggt werden. Alle Geocacher, die in dem Event-Listing ein „Will attend" oder „Attended" geloggt haben, bekommen eine E-Mail mit der „Bekanntmachung", die der Owner ins Listing geschrieben hat.

 Needs maintenance, sollte instand gesetzt werden, roter Schraubenschlüssel. Wenn sich der Owner um den Cache kümmern sollte, z. B. wenn der Behälter beschädigt oder der Inhalt nass geworden ist. Mit diesem Log-Typen wird im Listing des Caches bei den Attributen (rechte Seite) automatisch ein weißes Hilfe-Kreuz (auf rotem Grund) gesetzt.

 Needs (to be) archived, sollte archiviert werden, weiß-roter Aktenschrank. Auch als SBA, wie should be archived, bezeichnet. Diesen Log-Typ sollten Sie ebenfalls mit Vorsicht verwenden. Er empfiehlt sich nur bei Caches, die ganz klar weg sind und/oder deren Standort sich derart verschlechtert hat, dass das Suchen anderen Cachern nicht mehr zugemutet werden kann.

 Temporarily Disable Listing, kurzfristig nicht verfügbar = deaktiviert, Einfahrt-Verboten-Schild. Wird vom Owner geloggt, wenn der Cache aus irgendwelchen Gründen kurzfristig nicht gefunden werden kann. Der Name des Caches ist im Listing dann durchgestrichen.

 Owner maintenance, Instandsetzung durchgeführt, grüner Schraubenschlüssel. Wird vom Owner geloggt, wenn er eine Kontrolle seines Caches durchgeführt hat und dieses im Internet mitteilen möchte. Das u. U. in den Attributen des Cache-Listings gesetzte weiße Hilfe-Kreuz (auf rotem Grund) wird automatisch gelöscht.

 Enabled Listing, Listing wieder hergestellt, weißes Häkchen in grünem Punkt. Dieser Log-Typ wird vom Owner geloggt, wenn er den betroffen

Cache wieder so hergerichtet hat, dass er gefunden werden kann. Beispielsweise wurde eine Zwischenstation bei einem Multi erneuert.

Archived, wie archiviert, roter Aktenordner mit weißem Pfeil. Wird ebenfalls vom Owner geloggt, wenn der Cache nicht mehr zur Verfügung steht. Wird auch von den Reviewern (☞ GC-Slang) vorgenommen, wenn der Owner nicht in einer angemessenen Zeit einen deaktivierten Cache wartet. Auch bei einem Event, der schon einige Zeit zurückliegt, und vom Owner nicht archiviert wird, schreiten die Reviewer ein. Der Cache kann nur noch vom Owner oder unter Angabe des GC-Kürzels aufgerufen werden, der durchgestrichene Name erscheint dann in Rot.

Write note, eine Notiz schreiben, Notizzettel mit Stift. Dieser Log-Typ wird verwendet, wenn irgendetwas mitgeteilt werden soll und die anderen Log-Typen nicht passen.

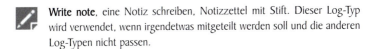

Published, veröffentlicht, grüner Punkt mit weißem Pfeil. Dieses Log ist das erste Log bei einem Cache. Es wird vom Reviewer gesetzt, der das Listing des Caches kontrolliert und freigeschaltet hat.

Post Reviewer Note, Notiz eines Reviewers bzw. an einen Reviewer, weiße Person auf blauem Zettel. Eine Notiz, die von den Reviewern bzw. Approvern zu dem Cache geschrieben wird. Meist passiert dies, wenn ein Owner seinen Cache längere Zeit auf „Temporarily disabled" gesetzt hat und sich augenscheinlich nicht weiter um ihn gekümmert hat. Der Reviewer setzt dann nochmals eine Frist, bevor der Cache zwangsweise archiviert wird. Vor der Freigabe eines Caches können Sie hiermit Informationen an die Reviewer geben, die später im Listing nicht sichtbar sein sollen. Diese Informationen werden automatisch durch die Freigabe gelöscht. Posten Sie eine Reviewer Note nach der Freigabe eines Caches, ist sie öffentlich einsehbar. Die Reviewer werden dann nicht über das Posten der Note informiert.

Update Coordinates, Koordinaten geändert, weißer Pfeil und Punkt auf grauem Zettel. Wird verwendet, wenn die Koordinaten geändert wurden.

Dies kann geschehen, wenn eine Messung korrigiert oder der Cache verlegt wird. Es erfolgt eine Mail an die Reviewer. Änderungen von über 150 m können hiermit nicht vorgenommen werden, hier müssen die Reviewer direkt kontaktiert werden.

 Retract, zurückgezogen, roter Punkt mit weißem Pfeil. Dieser Log-Typ erscheint, wenn ein schon veröffentlichtes Listing zurückgezogen wird.

Favoritenpunkte

Alle ☞ Premium Member bei Geocaching.com können pro 10 gefundenen Caches einen Favoritenpunkt vergeben. Dieses kann direkt beim Loggen durch Anklicken des kleinen Herzchens links unterhalb des Textfeldes geschehen. Der Favoritenpunkt kann zur Orientierung bei der Auswahl des nächsten Geocachingziels dienen.

Ähnlich wie bei den „Likes" in den sozialen Medien sehen Sie, wie viele Cacher zuvor einen Favoritenpunkt/ein Herzchen vergeben haben und wie die prozentuale Quote hierfür ist.

Der Travel Bug

Ein Travel Bug (TB), wörtlich ein reisender Käfer, ist ein Gegenstand, der von Cache zu Cache reist. Daher wird er auch hitchhiker bzw. Anhalter genannt. Als Travel Bug kann alles Mögliche und Unmögliche auf Reisen geschickt werden. Oft handelt es sich hierbei um Spielzeuge. Es können aber auch ausgefallenere Sachen wie Masken, Werkzeuge, Taschenlampen, Bestecke, Rezeptbücher etc. sein. Ja, sogar alte Handys oder GPS-Empfänger wurden schon als TBs in Caches gesichtet. Auch einen Heiratsantrag hat es schon via TB gegeben! Besonders ausgefallen ist z. B. die Idee, einen 10 kg schweren Betonklotz einzusetzen, der in der Nähe eines Caches abgelegt werden soll. All diese Gegenstände bekommen dann eine Erkennungsmarke mit einer individuellen Tracking-Nummer, anhand derer sie identifiziert werden können. Diese ist sechsstellig alphanumerisch.

Mit dieser Nummer können Sie unter 🖥 www.groundspeak.com oder 🖥 www.geocaching.com/track den Travel Bug finden, loggen und vor allem seinen bisher zurückgelegten Weg verfolgen. Hier finden Sie dann auch genaue Angaben zu seinem Auftrag oder Ziel und den gereisten Kilometern.

Ein Travel Bug am Holmenkollen ☞ Dosenfischer – Kleine Wanze (ca. Minute 2:10)

Wenn Sie einen Travel Bug aus einem Cache mitnehmen, sollten Sie diesen innerhalb von 14 Tagen in einem anderen Cache wieder ablegen. Hier gilt nicht die Regel des gleichwertigen Tauschens. TBs wie auch Geocoins sind Reisende, und die darf man bekanntlich nicht aufhalten, sondern soll ihnen weiterhelfen. Das heißt natürlich nicht, dass Sie gleich alle TBs aus einem Cache mitnehmen sollten, ein gewisses Augenmaß ist – wie immer im Leben – angebracht.

Die Ablage oder auch drop im Internet vollziehen Sie mit dem Found-Log des jeweiligen Caches. Unter dem Notizfeld befindet sich eine Liste mit dem Titel *Trackables*, in der alle in Ihrem Besitz befindlichen TBs und Geocoins aufgeführt werden. Wählen Sie für den TB, den Sie in dem Cache abgelegt haben, die Option *Drop* rechts neben seinem Namen aus und klicken Sie dann unten rechts *Post*. Jetzt ist der TB auch im Internet in dem Cache abgelegt.

Als Beispiel dient hier der TB „First Bionicle", der den Auftrag hat, alle Legoländer zu besuchen. Außerdem soll er in verschiedene *Bionicles* (von *Lego*) eingebaut werden und ein Foto davon zum Log ins Internet gestellt werden. Wenn Sie selbst einen Travel Bug in die weite Welt entlassen möchten, benötigen Sie

First Bionicle

eine dieser Erkennungsmarken mit einer Tracking-Nummer. Diese können Sie in ☞ Geocaching-Shops erwerben. Mit der Marke erhalten Sie dann eine weitere Nummer zum Aktivieren des Travel Bugs. Sollte Ihre TB-Marke diesen Aktivierungscode nicht haben, durchlaufen Sie einfach das vollständige Aktivierungs-Procedere unter 🖥 www.geocaching.com/track. Und wenn Sie ihm einen Auftrag geben möchten, dann formulieren Sie diesen am besten mehrsprachig, laminieren ihn und befestigen ihn mit der TB-Marke an dem Gegenstand! Es ist nicht selten vorgekommen, dass ein TB kurz vor seinem Ziel von einem Cacher wieder in die Gegenrichtung mitgenommen wurde, nur weil sein Auftrag oder Ziel lediglich im Internet, nicht aber am TB selbst zu erfahren war …

Im Internet besuchen Sie dann die Seite 🖥 www.groundspeak.com oder 🖥 www.geocaching.com/track. Dort geben Sie die Tracking-Nummer ein und das System wird feststellen, dass die TB-Marke noch nicht aktiviert wurde und fragt nach dem Aktivierungscode. Ist dieser eingegeben, gelangen Sie auf die Seite, wo Sie dem TB einen Namen geben. Des Weiteren können Sie ein oder mehrere Bilder von dem Gegenstand, der auf Reisen geht, hochladen. Weiter geben Sie eine kurze Beschreibung des TBs ein und weisen ihm einen Auftrag zu. Das muss dann noch einmal anschließend bestätigt werden und los geht's mit Ihrem Travel Bug!

Die Geocoin

Geocoins funktionieren nach dem gleichen Prinzip wie Travel Bugs. Sie haben auch eigene Tracking-Nummern, mit denen ihre Wege nachvollzogen werden können. Bei ihnen ist die Nummer ebenfalls sechsstellig, alphanumerisch. Sie beginnt immer mit zwei Buchstaben, aus denen Sie ersehen können, um was für einen Typ es sich handelt. Beispielsweise steht GE für Germany, EV für Event, PC für Personal Coin, außerdem hat jedes Land, ja sogar einzelne Regionen, ein eigenes Kürzel.

Der große Vorteil von Geocoins gegenüber den meisten TBs ist ihre geringe Größe, so finden sie auch in kleinen Cachebehältern Platz.

Coins können wie die TBs mit einem entsprechenden Auftrag versehen werden und müssen innerhalb von 14 Tagen in einem anderen Cache platziert werden. Geocoins haben meistens neben ihrer unterschiedlichen Gestaltung bei GC auch ein eigenes Icon.

Es gibt sie mittlerweile in allen erdenklichen Formen und zu den verschiedensten Anlässen oder Regionen, ja wahre Kunstwerke sind schon auf Reisen geschickt worden, was leider auch den Nachteil hat, dass, je schöner und seltener eine Coin ist, sie umso schneller dazu neigt, unterwegs zu verschwinden … Dennoch ist ein Ende des Coin-Booms nicht abzusehen!

Es gibt auch Geocoins, die nicht bei GC geloggt werden können. Teilweise haben sie keine Tracking-Nummer oder einen Verweis auf eine andere Organisation, bei welcher sie dann geloggt werden können. Auf Events können Sie Cacher treffen, die der Leidenschaft des Coinsammelns verfallen sind und ihre Sammlungen albenweise mitführen! Viele Fragen um das Thema Geocoin werden bei der ☞ S.S.o.C.A. (🖳 www.ssoca.eu) beantwortet.

Einige Personalcoins, die teilweise bei GC trackbar sind:

Hier eine kleine Auswahl von Coins, die zu einem bestimmten Geocaching-Event aufgelegt wurden:

Und hier noch *German Coins* in Bronze, Silber und Gold sowie Version aus 2007:

Diese Coins gehören zu den *Regions of Germany*:

Und eine *500 Founds Geo-Achievement Coin*, eine *Groundspeak LackeyGeocoin* und eine *Proving Trail Award Coin*.

Zwei regionale Coins aus *New Mexico* und *Arizona* und eine *Luxemburg Coin*.

Der Jeep 4x4

In den Jahren 2004, 2005, 2006 und 2007 hat *Groundspeak Inc.* als Werbemaßnahme jeweils 5.000 bzw. 8.000 Jeeps in Umlauf gebracht. 2004 war der Jeep gelb, 2005 weiß mit Rückzugsmotor (!) 2006 grün und 2007 rot. Die Jeeps haben ebenso wie die Travel Bugs eine Erkennungsmarke. Die individuellen Tracking-Nummern beginnen immer mit JP wie Jeep. Die Jeeps haben einen Jeep in Frontansicht in der jeweiligen Farbe des Jahrgangs als eigenes Icon.

Loggen von Travel Bugs, Geocoins und Jeeps

Travel Bugs, Geocoins und Jeeps können Sie unter 🖥 www.groundspeak.com anhand ihrer individuellen Tracking-Nummern suchen und loggen. Ebenso können Sie sie unter „Trackable items" auf 🖥 www.geocaching.com/track verfolgen. Hier steht Ihnen auch eine Textsuche für den Fall, dass Sie nur den Namen oder einen Teil des Namens wissen, zur Verfügung. Es gibt verschiedene Log-Typen mit unterschiedlichen Bedeutungen:

 Retrieve it, herausgenommen, Icon einer TB-Marke mit grünem aufwärts zeigendem Pfeil, sollten Sie loggen, wenn Sie den TB aus einem Cache mitgenommen haben.

 Place it bzw. **Drop**, abgelegt, Icon einer TB-Marke mit abwärts gerichtetem blauem Pfeil, sollten Sie loggen, wenn Sie einen TB in einem Cache abgelegt haben.

 Visited, besucht, Icon einer TB-Marke mit grünem auf- und abwärts zeigenden Pfeil. Loggen Sie, wenn Sie mit einem TB einen Cache besucht haben, den TB aber weiterhin behalten.

Discovered it, entdeckt/gesehen, Icon einer TB-Marke mit einem grünen Häkchen, sollten Sie loggen, wenn Sie einen TB z. B. auf einem Event oder in einem Cache gesehen, ihn aber nicht mitgenommen haben.

 Grab it, ergreifen, Icon einer TB-Marke mit einem grünen und einem blauen Pfeil. Dieser Log-Typ gibt Ihnen die Möglichkeit, einen TB von einem Cacher wegzunehmen, der den TB zwar physisch in einem Cache abgelegt, dieses Log aber nicht im Internet vollzogen hat.

 Write Note, Notiz, Icon eines Notizzettels mit Stift, sollten Sie loggen, wenn Sie noch eine Notiz zu dem TB schreiben möchten.

 Marked as Missing, als vermisst gemeldet, TB-Marke mit einem roten Punkt und Ausrufezeichen. Der TB befindet sich nicht mehr in dem Cache, wo er sein sollte, und ist als vermisst gemedet worden.

Der Geotoken

Führen die unter ☞ weitere Anhalter aufgeführten Reisenden obwohl trackbar weiterhin im deutschsprachigen Raume ein Schattendasein, so erleben die Geotoken seit 2012 einen ungeahnten Boom. Maßgeblich beteiligt daran ist der 🖥 www.LaserLogoShop.com. Dies war der erste Anbieter, der individuell aus Kunststoff ge- und belaserte Token anbot.

Inzwischen gibt es mehrere Anbieter und die Token können farbig bedruckt werden, wodurch tolle 3D-Effekte entstehen.

Ähnlich der Geocoin hat sich auch hier eine riesige Community um die Geotoken gebildet. Ursprünglich war der Token als Signature Item (☞

Slang), eine Art Visitenkarte zum Hinterlassen im Cache gedacht, doch schnell haben die Cacher ihre Sammelleidenschaft entdeckt und es gibt kaum einen Event, wo nicht Token getauscht werden – förderlich hierfür sind die geringen Anschaffungskosten und kleine Auflagen, kurze Lieferzeiten und die schier unendlichen Möglichkeiten der Gestaltung.

Ein umfangreiches Wiki um die beliebten Geotoken ist unter 🖥 www.token-wiki.com zu finden.

Der Geopin

Die Sammelleidenschaft der Geocacher kennt keine Grenzen! So war es kaum verwunderlich, dass im Herbst 2015 die ersten trackbaren Pins auftauchten. Kleiner und günstiger stellten sie eine weitere Alternative zur Geocoin dar und waren etwas für die Gegner der Kunststoff-Token – und der geneigte Cacher konnte nun seinen metallenen Avatar an Kleidung, Mütze oder Rucksack mit sich herumtragen. Das Wiki findet sich unter 🖥 www.geopin-wiki.de

Der GeoTag

GeoTags sind kleine (zumeist) metallene Marken, den 🐾 Travel Bugs ähnlich. Meist sind sie aus Aluminium (Stahl und Kunststoff gibt es auch) gefertigt. Sie können individuelle Formen haben, sind oft farbig bedruckt und mit einer Schutzschicht überzogen, die ihnen eine wertige Haptik gibt. Preislich liegen sie unterhalb der 🐾 Geocoin und werden gerne als 🐾 Signature Item mal mit, mal ohne Tracking-Code weitergegeben.

Die Wood Geocoin

Ursprünglich aus Tschechien kommen die Wood Geocoins, auch Woodies genannt. Die 35 mm durchmessenden und i. d. R. 5 mm starken Holzscheibchen werden belasert und seit Kurzem auch farbig bedruckt. Sie sind als Signature Item (☞ Slang) gedacht, werden aber gerne auf Events verteilt und getauscht.

Aufgrund der günstigen Anschaffungskosten erfreuen sie sich immer größerer Beliebtheit.

Wood Geocoin

Weitere Anhalter

Neben den Travel Bugs, Geocoins, Geopins, Token und Jeeps von *Groundspeak Inc.* gibt es noch eine große Menge an Coins und Gegenständen, die ebenfalls trackbar sind und deren Reisen über verschiedenste Websites nachvollzogen werden können.

Zu den bekannteren gehören die *Pathtags* (🖥 www.pathtags.com), *Geolutins* (🖥 www.geolutins.com), *GeoKretys* (🖥 www.geokrety.org, welche die Caches von Opencaching (OC) unterstützen) und die *digitalfish* (🖥 www.geofish.net). Trotz des oft günstigeren und teilweise sogar kostenlosen Erwerbs führen sie hierzulande eher ein Schattendasein.

Das Souvenir

Wie aus den vorgenannten Travel Bugs, Coins, GeoTags, Pins, Woodies und Geotoken zu erahnen ist, handelt es sich beim Geocachen um ein Hobby, das bestens für Menschen mit Leidenschaft fürs Sammeln geeignet ist. So ist es kaum verwunderlich, dass *Groundspeak Inc.* in 2010 die Souvenirs einführte. Dies sind kleine Grafiken ähnlich Avataren, die in der Statistik jedes einzelnen Geocachers auf 🖳 www.geocaching.com/my/souvenirs.aspx angezeigt werden.

Souvenirs gibt es für Länder, Bundesländer, manchmal auch für Städte oder besondere Orte aber auch zu bestimmten Anlässen wie die 15 Jahre Geocaching oder die Teilnahme am Cito-Wochenende im April, bei Mega- und Giga-Events oder GeoTours (☞), auch für das Erreichen bestimmter Ziele können Souvenirs vergeben werden. Die Entscheidung für wen, was oder wann es so ein Souvenir gibt trifft *Groundspeak Inc.* in den USA.

Weitere Plattformen und Services für Geocacher

Grünes Forum

Unter 🖳 www.geoclub.de ist das *grüne Forum* beheimatet. Neben vielen regionalen Foren hat es sich als **das** deutschsprachige Forum durchgesetzt.

Einzelne Foren zu Themen wie Nachtcaching, Ausrüstung, GPS-Empfänger der verschiedenen Hersteller, Geocaching-Apps, aber auch einzelnen populären Softwaretools sowie verschiedenen geografischen Regionen sind hier übersichtlich untergebracht.

Dieses Forum ist frei zugänglich. Erst wenn Sie selbst Beiträge verfassen möchten, benötigen Sie die kostenlose Registrierung. Dann können Sie auch mit anderen Foren-Mitgliedern private Nachrichten austauschen. Wie leider viel zu oft in den sogenannten sozialen Medien herrscht hier mitunter ein rauer Ton …

Blaues Forum

Unter 🖳 forums.geocaching.com ist das englischsprachige *blaue Forum* gelistet. Hier finden Sie auch vielfältige Informationen für einzelne Länder, wie auch Travel Bugs, Geocoins und alles Weitere rund um das Geocaching. Dieses Forum ist ebenfalls öffentlich. Registrieren müssen Sie sich erst, wenn Sie Beiträge verfassen wollen.

Geocaching-Franken

Ein weiteres großes deutschsprachiges Forum finden Sie unter 💻 www.geocaching-franken.de. Hier finden Sie zusätzlich noch einen Blog mit Tests etc.

Cacher Reisen

Der erste und bisher einzige Reiseanbieter, der sich auf Gruppenreisen für Geocacher spezialisiert hat. Das Team aus gestandenen Geocachern organisiert Touren zu den letzten 👉 APE Caches oder anderen ausgefallenen Zielen in aller Welt.

Aktuelle Angebote und Rückblicke vergangener Reisen finden Sie unter 💻 www.cacher-reisen.de.

Die Dosenfischer

In 2007 starteten die *Dosenfischer* (💻 www.dosenfischer.de) mit ihrem wöchentlichen (☞) Podcast, der sich schnell zu **dem** Podcast der deutschen Geocaching-Szene entwickelte (aber 2015 eingestellt wurde).

Die Dosenfischer wurden sogar so stark mit dem Geocaching-Virus infiziert, dass sie drei CDs veröffentlichten, deren Songs den Alltag des Geocachers in süffisanter Weise darstellen.

Ihre Live-Auftritte haben schon manch einem Event eine besondere Note verliehen! Leider hat die Band 2017 in Frauenfeld/Schweiz ihr letztes Konzert gegeben.

Encyklias Postbox

Wie bereits erwähnt ist Geocaching auch ein Hobby für Sammler. Kaum verwunderlich, dass viele Geocacher ihre persönlichen 👉 Token, 👉 Pins, 👉 Tags und 👉 Woodies auf 👉 Events tauschen. Da aber nicht jeder jeden Event besucht, wurden solche ☞ Signature Items gerne verschickt, was bei größeren Stückzahlen die persönliche Portokasse gehörig belastete. So hat die Podcasterin Encyklia 2016 die Postbox ins Leben gerufen. Dies ist ein Korb, der von vielen Cachern von dem einen zum anderen Event getragen wird und wo jeder, der anderen Geocachern sein persönliches Signature Item zukommen lassen will, dieses auf Reisen schicken kann.

Die Reiseroute ist unter 💻 www.encyklia.de/Postbox einzusehen.

Encyklia mit ihrer Postbox beim Brockenfrühstück

gclogbuch
Unter 🖥 www.gclogbuch.de ist eine Link-Sammlung von Logbuchvorlagen beheimatet.

GCVote
Unter 🖥 www.GCVote.de finden Sie eine kleine Programmerweiterung, mit der Sie nach erfolgreicher Installation Geocaches von GC bewerten können, auch ohne Premium-Member (diese können Favoritenpunkte vergeben) zu sein. Bei diesem Service, den es schon lange vor Einführung der 👉 Favoritenpunkte gab, ist eine differenzierte Bewertung von 1 bis 5 Sternen möglich.

Geocaching-Magazin
Unter 🖥 www.geocaching-magazin.com finden Sie seit 2010 die Zeitschrift mit Tipps, Tests, Geschichten und Berichten zu Touren zum Thema Geocaching.

geocaching.de

Unter 🖳 www.geocaching.de finden Sie grundlegende Informationen rund um die Freizeitbeschäftigung Geocaching. Diese deutschsprachige Informationsplattform bietet ausführliche Erklärungen zum Geocaching nebst möglichen Gefahren. Auch der Natur- und Umweltschutz sowie eine **Liste mit regionalen Ansprechpartnern** haben hier Platz gefunden. Literatur rund um Geocaching wird regelmäßig rezensiert.

Verlinkungen auf die Karten der relevanten Geocaching-Plattformen sowie Listen der verschiedenen regionalen Foren, Podcasts und empfehlenswerten Caches runden das Angebot ab. Diese Infoplattform wird vom *Team Geocaching.de* betreut und von der *Deutschen Wanderjugend* unterstützt und gefördert.

GeoChecker

Unter 🖳 www.geochecker.com ist ein Service zu finden, mit dem die Koordinaten von dort eingetragenen Mystery-Caches überprüfen werden können.

GIFF

Steht für *Geocaching International Film Festival* und findet seit 2013 vorzugsweise im Herbst statt. Hier können Geocacher aus der ganzen Welt Filmbeiträge zu einem (meist) vorher festgelegten Thema rund um das Hobby Geocaching einreichen. Im Spätherbst werden die Gewinner bekanntgegeben und ihre Beiträge auf Events vorgeführt. 🖳 www.geocachingfilmfestival.com

gocacher

Unter 🖳 www.gocacher.de finden Sie ein Nachrichtenportal, das sich ausschließlich mit für Geocacher relevanten Inhalten beschäftigt und seit 2014 ein kostenloses Print-Magazin vertreibt.

MixiTV

Seit 2013 gibt es den deutschsprachigen Geocaching-YouTube-Kanal MixiTV. Hier finden Sie weit über 200 Videos zu Themen rund ums Geocaching. Fast jede

Woche kommen 1-2 neue Videos dazu. Damit man sie gezielter finden kann, gibt es seit 2014 alle Videos nach Themen sortiert auch auf 🖥 www.MixiTV.de.

Project-GC
Eine Hompage für die Freunde der Statistik! Autorisiert über die Login-Daten von GC gibt es nichts, was nicht statistisch abrufbar ist: Von den meistbesuchten Caches der einzelnen Länder oder Regionen über die Top-Finder, verschiedene Karten, wo z. B. die nächsten Events eingestellt sind, bis hin zu Tools wie: TB-Rescue (ein „Rettungs"-Service für TBs, die zu lange in einem Cache verweilen) und Challenge Checker (🗫 Challenge Caches) ist hier alles zu finden, was das Statistik-Cacher-Herz begehrt. 🖥 www.project-gc.com

S.S.o.C.A.
Die „Secret Society of Coin Addicts" (🖥 www.ssoca.eu) ist eine kleine Gruppe von Geocoinverrückten, die das Sammeln von Geocoins zu ihrer Passion gemacht haben. Sie gibt ihr Wissen aus der Welt der Geocoins gerne weiter und steht für Fragen rund um das Thema Trackables gerne zur Verfügung. Neben einem Forum entstand auch das erste Geocoin-Wiki. 🖥 wiki.ssoca.eu

Taschen-Cito
Aus den Gedanken des Umweltschutzes und des 🗫 Cito-Events wurde die Idee des Taschen-Citos geboren. Im deutschsprachigen Raum versehen fleißige

Geocacher Müllbeutel mit entsprechenden Banderolen, um sie auf Events und in Caches als ☞ Trade Item (Tauschgegenstand) zu verteilen.

💻 www.taschen-cito.de

TB-Run

Auf großen 🐛 Events werden oft sogenannte Travel-Bug-Rennen gestartet. Meist sollen die dort auf den Weg gebrachten Reisenden in einem bestimmten Zeitfenster möglichst große Strecken zurücklegen.

Bei der Verwaltung derartiger Rennen hilft der Service von
💻 www.tb-run.com.

Waymarking

Anfang 2006 wurden alle Locationless Caches von 💻 www.geocaching.com nach 💻 www.waymarking.com überstellt. Bei *Waymarking* geht es darum, interessante oder sehenswerte Punkte zu ermitteln, deren Koordinaten festzuhalten und ein Foto davon zu machen. Koordinaten und Foto werden dann im Internet gelogged. Hier gibt es eine Fülle von Ideen, wie Denkmäler, Gebäude, Tiere, Kneipen, usw. Diese Liste kann fast endlos fortgeführt werden. Zu den derzeit 15 Hauptkategorien gibt es noch entsprechend viele Untergruppen. Die derzeit 830.000 Waymarks sind in 1.114 User-Kategorien gegliedert.

Über die neusten Waymarks und Kategorien können Sie sich per RSS-Feeds informieren lassen.

Wherigo

Unter 💻 www.wherigo.com bietet *Groundspeak Inc.* eine virtuelle Schatzsuche für die ein Wherigo Player benötigt wird an. Dieser steht für PocketPCs mit WindowsMobile rechts unten auf der Seite zum Download bereit.

Auf den älteren GPS-Geräten *Garmin Colorado* und *Oregon (200 bis 550)* ist dieser schon vorinstalliert. Leider wurden alle nachfolgenden Geräte-Serien wie *Dakota*, *62*, *64*, *78*, *Montana*, *eTrex* und die neuen *Oregon 6x0und 7x0* nicht mit dem Wherigo-Player ausgestattet.

Lange vor dem Smart-Phone-Boom hat es schon Handys gegeben, die mit der mobilen Java-Variante *JME* ausgestattet wurden, diese können Wherigo-cartridges z. B. mit *openWIG* (💻 code.google.com/p/openwig) spielen. Für *iPhones* und *Androiden* gibt es ebenfalls entsprechende Apps – die offizielle **Wherigo**-App für *iPhone* bei *iTunes* oder *WhereYouGo* im *Playstore* für *Android*. Auf der Wherigo-Homepage rechts oberhalb der Downloads kann nach Postleitzahl (funktioniert nicht für jedes Land), Bundesstaaten und Land gesucht werden.

Eingeloggt mit den Login-Daten von 💻 www.geocaching.com, stehen weitere Suchoptionen zur Verfügung:
▷ „Nearby Cartridges", eine Umkreissuche von den Heimatkoordinaten (soweit eingegeben)
▷ „View Play Anywhere Cartridges", also Spiele, die überall gespielt werden können
▷ „Browse Latest Cartridges", zeigt die als letztes hochgeladenen Spiele
▷ „Advanced Search", eine Detailsuche, wo nach Koordinaten, Stichwörtern oder dem Autor gesucht werden kann

Neben dem Download des Wherigo Players und der verschiedenen virtuellen Abenteuer (Cartridges) gibt es hier auch einen Wherigo Builder. Mit ihm können auf dem heimischen Windows-PC neue Abenteuer geschrieben werden.

Walk-in-Shops für Geocacher

Im Laufe der Jahre sind viele Online-Shops entstanden, die sich auf die Wünsche von Geocachern spezialisiert haben, eine Liste der Shops in Deutschland, Österreich und der Schweiz finden Sie unter ☞ Quick-Links.

Einige Shops besitzen auch ein Ladenlokal, das Sie besuchen und wo Sie fachkundige Beratung zu Ihrem neuen Hobby in Anspruch nehmen können. Das passende Zubehör finden Sie hier natürlich auch. Bitte beachten Sie, dass die Öffnungszeiten höchst individuell sein können, eine vorherige Terminabsprache bzw. Abfrage der aktuellen Öffnungszeiten ist daher unbedingt ratsam:

Bundeszeugkammer

Unter dem Motto „immer da, wo draußen ist" gibt es hier alles rund ums Geocaching. Terminabsprache erwünscht!

- Die Bundeszeugkammer, Inh. Sven Sebastian Steinemann, Hauptstr. 58, 31008 Elze, ☎ 01 76/592 007 66, ✉ info@bundeszeugkammer.de, 🖥 www.bundeszeugkammer.de

Cache-Corner

Die ausgefallenen Cacheverstecke, wie z. B. Schnecken, Tannenzapfen, Baumschwämme u. v. m., werden hier in Handarbeit hergestellt. *Cache-Corner* bietet neben GPS-Mietgeräten auch Einweisungen ins Geocaching für Newbies an.

- Cache-Corner, Inh. Martina Heidger, Rathausplatz 16 1/2, 83471 Berchtesgaden, ☎ 086 52/655 64 50, ✉ info@cache-corner.de, 🖥 www.cache-corner.de

Cache-Kontor

Der Laden mit zugehöriger Kaffeebar ist gleichzeitig auch Treffpunkt für Geocacher und Interessenten. Wöchentliche Treffs am Donnerstag („SchLaDo" – 🖥 www.schlado.de beherbergt u. a. Cache-Karten über Events und Nachtcaches sowie viele hilfreiche Tools). Zentral im Herzen von St. Pauli.

- Cache-Kontor, Inh. Manuel Colling, Sternstraße 81, 20357 Hamburg, ☎ 040/98 76 81 64, ✉ mail@cache-kontor.de, 🖥 www.cache-kontor.de

gearforcacher
Essens Shop für Geocachingzubehör.
- Katharinenstr. 1, 45131 Essen, ☎ 02 01/815 69-10, 📱 015 77/021 52 44, FAX 02 01/815 69-08, ✉ klaus.kaczmarek@gearforcacher.de, 💻 www.gearforcacher.de

Geocoinshop
Der Geocoinshop – direkt an der A61 – bietet alles, was man zum Geocachen benötigt. Übersichtlich sortiert finden Anfänger und Experten weit über 1.000 Produkte inkl. fundierter Beratung.
- Geocoinshop.de GmbH, Grosse Heide 3b, 55444 Waldlaubersheim, ☎ 067 07/666 39 80, FAX 067 07/666 39 81, ✉ info@geocoinshop.de, 💻 www.geocoinshop.de

shop4geocaching
Der Shop für Geocacher, die einen besonderen Anspruch auf individuell gestaltete Textilien erheben.
- shop4geocaching, Kasinostraße 19, 47533 Kleve, ☎ 028 21/899 85 12, FAX 028 21/899 85 13, ✉ info@shop4geocaching.de, 💻 www.shop4geocaching.de

Anzeige

Die Ausrüstung des Geocachers

Cachergarn: Gut ausgerüstet erspart eine zweite Anfahrt

Heute ist es wieder so weit. Den ganzen Tag haben die Kollegen schon gestänkert: „Die alte Hose und die festen Wanderschuhe, geht wieder cachen, was?" Wie gut sie die untrüglichen Zeichen schon deuten können ...

Ich warte an diesem kühlen Novemberabend noch vor der Firma auf mein Cachertaxi. Heute, vier Wochen nach Halloween, geht es an den Stadtrand zu einem Nachtcache mit ebendiesem Thema. Die erste Station lässt uns auch schon erahnen, was kommen wird: Die Koordinate war unter einem Gummitausendfüßler angebracht.

Entlang des kleinen Dorffriedhofs führt uns der Weg. Auf den Gräbern flackern die roten Lichter von Allerseelen. Die nächste Station führt uns auf den Platz vor dem Friedhofstor, nur – hier ist nichts, oder? Moderne glatte Backsteinwände, keine Nische, keine Ritze, wo ein Hinweis sein könnte, nur ein Fahrradständer. Aber trotz Abfotografierens und -spiegelns können wir keinen Hinweis zutage fördern. Aber was ist das? An der einen Seite fehlt der Plastepfropfen auf dem Vierkant. Ein Blick mit Lampe lässt eine kleine Spinne im Inneren fluoreszieren, dummerweise ist sie auch für die schlanksten Finger einfach zu tief im Vierkant verborgen. Hmm, Improvisation ist gefragt. Da war noch eine Büroklammer, ja, das könnte gehen. Aufgebogen um den Clip eines Kulis gewickelt entsteht à la MacGyver ein Häkchen, mit dem wir das Spinnlein nebst Folgekoordinate aus dem Vierkant angeln und in der Cachekladde notieren, man weiß ja nie ... Jetzt noch ins GPS eingeben und weiter in den dunklen Wald nebenan, mal sehen, was uns noch erwartet!

Waren die ersten Caches noch relativ einfach zu finden, sind viele Verstecke in der Folgezeit und mit zunehmender Zahl von Geocachern deutlich raffinierter geworden. Häufig war/ist besonderes Equipment nötig, um den Cache bergen zu können. Durch den aktuellen Boom des Geocachings ist wieder eine Entwicklung zu einfacheren und weniger spektakulären Caches zu beobachten. Dennoch sollten Sie sich spätestens ab dem Schwierigkeitsgrad 2 über mehr Ausrüstung als GPS und gesunden Menschenverstand Gedanken machen. Die folgenden Utensilien haben sich bei der Cachejagd schon häufig bewährt – natürlich erhebt diese Aufzählung keinen Anspruch auf Vollständigkeit!

Smartphone oder GPS?

Das heutzutage allgegenwärtige Smartphone, sei es nun mit *WindowsMobil*, *iOS* oder *Android*, macht den Einstieg besonders einfach, zumal die Cachedichte im innerstädtischen Bereich in den letzten 10 Jahren rapide zugenommen hat! So gibt es für alle gängigen Betriebssysteme eine Vielzahl von Apps sowohl für das Cachen als solches wie auch für viele Verschlüsselungen. Hier gilt es einfach verschiedene Apps auszuprobieren und zu testen, wie sie Ihnen vom Handling gefallen. Populär sind neben den eigenen von *Groundspeak Inc.*, *Geocaching Live*, *Cachely*, *Looking4cache*, *GCdroid*, *Locus* und *c:geo* – weitere unter ☞ Quick-Links.

Unterwegs mit Smartphone und der App von Groundspeak Inc.

Sollten Sie sich für das Smartphone entscheiden, bedenken Sie, dass es i. d. R. nicht witterungsbeständig ist und je nach Gerät nur eine Akkuleistung von 2 bis 8 Stunden bei vollem GPS-Empfang hat! Eine Powerbank nebst passendem Ladekabel sollten Sie also unbedingt mitnehmen.

Dann ist da die „leidige" Diskussion um die Genauigkeit ... Wenn Sie in den System- bzw. Sicherheitseinstellungen (je nach Betriebssystem) dem Handy die Drahtlosnetzwerke zur Positionsbestimmung verweigern, arbeitet es nur noch mit

Kartenfähige GPS: GPSmap62/64, etrex touch 35, Oregon 650, Falk Ibex, Magellan eXplorist 710, etrex 30x, Teasi PRO, Falk Lux 22, satmap active 12

den Satelliten wie jedes andere GPS-Gerät auch und kommt auf die gleiche Genauigkeit. Vertrauen Sie jedoch dem Betriebssystem und wählen die Einstellung „hohe Genauigkeit" und lassen die Drahtlosnetzwerke, also WLAN-Netze und Mobilfunkmasten aktiviert (was in Gebäuden Sinn macht), so wird es im Gelände zu nicht unerheblichen Abweichungen kommen! Ich hatte schon bei verschiedenen Handys im innerstädtischen Bereich Abweichungen von über 50 m! Nach Deaktivierung der Drahtlosnetzwerke haben sie sich dann auf die üblichen 5 m verringert – also Obacht!

Die weiteren Vorteile der Smartphone-Variante liegen klar auf der Hand:

Sofortige Verfügbarkeit von Internet, es kann gegoogelt oder wikipediert (besonders hilfreich die mobile Variante 🖳 de.m.wikipedia.org oder eine der Offline-Versionen 🖳 de.wikipedia.org/wiki/Wikipedia:Unterwegs) werden, Rechner und diverse Software zum Entschlüsseln von Rätselstationen können einfach mitgenommen und zu Rate gezogen werden.

Das Handy ist vom Komfort ungeschlagen, aber spätestens beim Wald-und-Wiesen-Cachen sollte ein ernstzunehmendes Outdoor-GPS im Einsatz sein – denn das kann auch mal runterfallen oder in eine Pfütze plumpsen, ohne gleich Schaden zu nehmen.

Unvorstellbar, wenn die gesamte Kontaktdatenbank und die Kalendereinträge auf dem Handy durch einen Sturz ein für alle Male verschütt gingen!

Falls Sie längere Zeit cachenderweise draußen unterwegs sein wollen, dann empfiehlt sich ein klassisches GPS-Gerät – hier einige Punkte, die Sie für die Entscheidungsfindung berücksichtigen sollten:

Das GPS sollte wasserdicht sein, sodass Sie auch noch bei Regenwetter mit ihm arbeiten können. Eine gut strukturierte Menüführung ist ebenso wichtig. Viele aktuell auf dem Markt befindliche GPS-Empfänger zeichnen sich durch die Möglichkeit aus, individuelle Profile anlegen und diese nach den eigenen Wünschen strukturieren zu können. Meist ist eine gewisse Anzahl Profile für verschiedene Einsätze schon vordefiniert/-installiert, sodass es gilt, das passendste auszuwählen und den eigenen Wünschen anzupassen.

Je nach Hersteller arbeiten die Geräte mit unterschiedlichen Betriebssystemen, *Garmin* z. B. hat ein ganz eigenes. Andere Hersteller setzen auf verschiedene Varianten von Windows CE – wenn Sie grundsätzlich mit der Windows-Logik besser klarkommen, sollten Sie sich entsprechende Alternativen anschauen. Es ist immer eine Glaubensfrage, ob Sie lieber mit Touch-Screen oder mit Tasten arbeiten. Hier gibt es ebenfalls die unterschiedlichsten Bedienkonzepte. Sie sollten verschiedene Geräte mal in die Hand nehmen und für sich abwägen, was besser zu Ihnen passt – der Besuch eines entsprechenden Workshops kann die Entscheidung wesentlich erleichtern!

Ob Sie nun ein Gerät mit Kartendarstellung wählen oder nicht, ist grundsätzlich egal. Geocachen können Sie mit jedem GPS, in das Sie von Hand (oder PC) Koordinaten eingeben können. Entscheidend ist allein, wie viel Geld Sie investieren möchten und welchen Komfort Sie sich wünschen. Dieser Komfort wirkt sich in der Praxis dadurch aus, dass Sie auf dem Kartenmaterial des Gerätes die Wege, die zum Cache führen, schon anschauen und einschätzen können. So müssen Sie nicht dem Richtungspfeil auf der Luftlinie folgen, um kurz vor dem Ziel auf ein „unüberwindbares" Hindernis in Form eines Baches, einer Schlucht oder einer Autobahn zu stoßen.

Einfache GPS-Empfänger gibt es ab € 120. Ab € 190 können Sie schon Geräte mit Farbdisplay erwerben, die Karten darstellen können. (Bei den Karten können Sie bis zu € 150 für solche auf der Basis von amtlichen Karten investieren oder erstmal freies (und legales!) Material von *OpenStreetMap*, kurz OSM, ausprobieren. ☞ Quick-Links) Je nach Gerät kann das digitale Kartenmaterial im internen Speicher oder mittels microSD-Karte zur Verfügung gestellt werden. Wenn Sie sich für eine kartenfähige Variante entscheiden, beachten Sie bitte die Größe des internen Speichers. 500 MB sollten schon zur Verfügung stehen, um nicht ständig das Kartenmaterial via PC austauschen zu müssen!

Gängige GPS-Hersteller mit geocachingtauglichen Geräten sind:

▷ *Garmin* (🖥 www.garmin.de),
▷ *Falk* (🖥 www.falk-outdoor.com),
▷ *Magellan* (🖥 www.magellangps.com),
▷ *Satmap* (🖥 www.satmap.com),
▷ *Teasi* (🖥 www.teasi.eu),
▷ *TowNav* (🖥 www.twonav.com),

Die Grundausstattung

Die Grundausstattung, kurz CGA (☞ GC-Slang), kann natürlich von Region zu Region unterschiedlich in ihrem Umfang ausfallen. Für den Transport bieten sich Hipbags oder kleine Rucksäcke an.

Ersatzbatterien/Powerbank

Führen Sie ausreichend Ersatzbatterien oder Akkus bzw. eine Powerbank für Ihr Smartphone, GPS, Taschenlampe und Funkgerät mit. Was nutzt die tollste Technik, wenn plötzlich der Strom ausgeht, und das passiert bekanntlich immer in den ungünstigsten Situationen.

Stifte und Notizbuch

Ganz wichtig sind auch Stifte und ein Notizbuch oder -blatt, auf dem Sie Hinweise notieren oder Rechnungen durchführen können – besonders, wenn es komplexe Multi-Caches zu lösen gilt, wo an den einzelnen Stationen Notizen, Hinweise oder Code-Schnipsel gegeben werden, die zur Lösung des Finales benötigt werden. Nicht selten ist es vorgekommen, dass ein derartiger Cache abgebrochen

und später fortgesetzt wurde. Die Cacher, die sich die Code-Schnipsel in einer Kladde notierten, hatten diese Informationen schnell greifbar. Diejenigen, die diese Notizen in den Kommentaren der Multi-Stationen in GPS oder Smartphone gespeichert hatten, haben diese Stationen oft genug in der Zwischenzeit „wegsynchronisiert"… mehr als ärgerlich!

Es kommt immer wieder vor, dass ein Cache aufgrund seiner Größe keinen Logstift enthält oder dieser durch Feuchtigkeit unbrauchbar geworden ist. Daher empfiehlt es sich, neben einem Kugelschreiber auch immer einen Bleistift und einen dünnen Folienstift mitzuführen.

Feuchttücher

Ein Päckchen Feuchttücher sollten Sie auch immer im Gepäck haben. Und das möglichst griffbereit! Oft machen Sie sich sowohl bei urbanen Caches als auch bei Wald-und-Wiesen-Caches die Hände schmutzig. Ungeahnte Mengen an Dreck und Krabbelgetier können sich in der zweiten oder dritten Tüte, die den Cache vor Witterungseinflüssen schützen soll, ansammeln.

Handschuhe

Ein Paar Arbeitshandschuhe sind immer hilfreich. Es kann vorkommen, dass Sie in die Brennnesseln greifen müssen, um einen Cache zu heben. Fingerlose Radhandschuhe sind gut für denjenigen geeignet, der Fingerspitzengefühl z. B. beim Fotografieren oder Bedienen des Smartphones bewahren muss. Leider kommt es vor, dass ein Cache dort versteckt ist, wo ein vierbeiniger Freund seine Notdurft verrichtet hat. Für solche Fälle sollten Sie immer ein Paar AIDS-Handschuhe dabeihaben!

Taschenmesser

Ein Taschenmesser zum Öffnen eines widerspenstigen Verschlusses sollten Sie immer mitführen. Dank der vielfältigen Werkzeuge lassen sich mit einem Taschenmesser etliche, aber nicht alle, Verschraubungen lösen. Messer der Hersteller *Victorinox* und *Wenger* haben sich hier bewährt. Dabei können Sie je nach Ausstattung von € 10 bis zu 100 investieren.

Tool

Tools sind Werkzeuge, die als Basis eine Zange besitzen. Ausgezeichnete Tools bekommen Sie von den Herstellern *Leathermen*, *Gerber* oder *Victorinox* mit der unterschiedlichsten Ausstattung von zusätzlichen Werkzeugen. Diese hochwertigen Tools kosten zwischen € 50 und 200.

Aber auch günstige Varianten aus dem Baumarkt verrichten eine gewisse Zeit ihren Dienst. Da bei ihnen nicht so hochwertige Materialien wie bei den Markenherstellern verwendet werden, ist öfter ein Austausch erforderlich. Dafür schmerzt Sie der Verlust nicht so sehr. Sie sind in einer Preisklasse ab € 10 zu haben.

Taschenlampe

Eine kleine einfache Sucher-Taschenlampe sollten Sie immer zum Geocachen mitnehmen. So können Sie in dunkle Ecken leuchten und kleine Reflektoren finden.

Zum Nachtcachen sollten Sie dann eine lichtstärkere Taschenlampe mitführen. Die viele Jahre bewährte *Maglite* mit zwei bis vier D-Zellen (immer noch gut zur Selbstverteidigung) wurde von kleineren und stärkeren Lampen der Hersteller *Coast*, *Fenix*, *LED LENSER*, *Nextorch*, *Nitecore*, *Zebralight* aber auch deren China-Kopien abgelöst. Zu beziehen im Elektronik- und Outdoor-Fachhandel oder bei den Geocaching-Shops. Preislich liegen diese je nach Leistung und Qualität zwischen zehn und mehreren Hundert Euro.

Stirnlampe

Gerade beim Nachtcachen hat sich eine LED-Stirnlampe ergänzend zur Taschenlampe bewährt. Da Nachtcaches meist als Multi-Cache ausgelegt sind, müssen Sie nicht die ganze Zeit mit einem großen Lichtdolch den Weg zwischen den einzelnen Stationen beleuchten. Hier genügt eben eine kleine Stirnlampe mit einer Leistung von 10 bis 50 Lumen, um zu sehen, wohin Sie treten.

Beim Einsatz von Stirnlampen ist dann auch die Etikette vom höflichen Anschauen des Gesprächspartners außer Kraft gesetzt. Ihre Mitcacher werden es danken, wenn sie weder von dem Lichtdolch noch von der Stirnlampe geblendet werden. Stirnlampen finden Sie in Baumärkten und im Outdoor-Fachhandel. Je nach gewünschter Qualität können Sie zwischen € 5 und 200 ausgeben. Spritzwassergeschützte Lampen der mittleren Preisklasse haben sich beim Cachen bewährt.

Hering

Ein klassischer Hering, besser noch ein Erdnagel aus dem Campingbedarf, ist beim Stochern im Wurzelwerk nach gut getarnten Behältern hilfreich. Sie können so einen Bereich zielsicher absuchen, ohne eine bestehende Tarnung oder die Vegetation zu zerstören. Wenn der Hering am oberen Ende einen Haken aufweist, ist es zudem möglich, Caches auch aus vielerlei Arten von Röhren zu angeln.

Draht

1 bis 2 m Draht mit einem Durchmesser von 1 bis 2 mm erleichtern Ihnen ebenfalls die Angelei aus engen Verstecken wie Röhren und Pfosten, wo Sie mit dem Hering nicht mehr hingelangen.

Pinzette

Lang und spitz sollte sie sein, um Hinweise aus schmalen Spalten hervorholen oder widerspenstige Logbücher aus Nanodöschen befreien zu können. Je nach Qualität (einfache reicht aus) in Baumärkten ab € 5 und Sanitätshandel ab € 20.

Spiegel

Ein ab und an benötigtes Utensil, das in jeder Drogerie oder im Haustierhandel für wenig Geld erworben werden kann. Nützlich wird er z. B., wenn Koordinaten oder Hinweise an den unteren Teil von Brückengeländern o. Ä. angebracht werden. In solch einem Falle müssen Sie sich zwar immer noch hinknien, brauchen aber nicht mehr den Kopf zu verdrehen, um den Hinweis zu entdecken. Die Suche können Sie bequem mit dem Spiegel erledigen.

Auch gibt es Caches, wo die Hinweise an den Stationen in Spiegelschrift geschrieben wurden, welche Sie nun gelassen lesen können.

Schnur

Dies kann eine dünne Reepschnur, ein einfaches Paketband oder eine Angelsehne sein. Sehr hilfreich ist es, wenn die Schnur auf einer Rolle oder Spindel ist. So lässt sie sich leichter wieder aufwickeln.

Ihren Einsatz findet sie überwiegend bei Baumcaches, entweder um Ausrüstung zu Ihnen hochzuholen oder hinabzulassen. Natürlich ist sie auch immer willkommen, wenn ein Klettercache in einer Gruppe gelöst wurde und nicht jedem zugemutet werden soll, die Kletterei auf sich zu nehmen. Sie können dann das Logbuch zu den Mitcachern herablassen, damit diese sich dann in aller Ruhe eintragen können. Sie sollten mindestens 10 m mit sich führen.

Magnet

Eine gute Wahl ist ein starker bzw. ein Magnet mit einer Öse vorzugsweise aus Neodym, da dieser eine große Haftkraft besitzt. Zusammen mit der Schnur haben Sie nun die Möglichkeit, kleine eiserne Hinweise aus aller Art von Röhren,

Ein mit Magneten ausgestattetes Profi-Maßband kann Caches in der Gewichtsklasse von Schweizer Taschenmessern bergen.

Astlöchern und ähnlich trickreichen Verstecken zu angeln, ohne sich die Hände schmutzig machen zu müssen! Magnete finden Sie in Geocaching-Shops, Baumärkten und im Internet unter 💻 www.conrad.de, 💻 www.magnet-shop.net oder 💻 www.supermagnete.de.

UV-Lampe

Auch als blaues Licht oder Schwarzlicht bekannt. Bei einigen Nacht-Caches kommt UV-Farbe anstelle von Reflektoren zum Einsatz. In solchen Fällen benötigen Sie eine stärkere UV-Lampe. Eine breite Auswahl finden Sie z. B. unter 💻 www.taschenlampen-papst.de

Meist sind jedoch nur Hinweise oder zusätzliche Hilfen mittels UV-Stift an Zwischenstationen vermerkt. Hier reicht oft ein kleines Lämpchen aus, was Sie für unter € 10 im Elektronik-Fachhandel oder Baumarkt erstehen können.

Zollstock

Ein auf den ersten Blick nicht notwendiges Tool, oder? Der Zollstock ist klein und handlich und spielt diese Vorteile gegenüber den Wanderstöcken gerade beim Urban-Cachen in der City aus.

Mit ihm haben Sie eine zusätzliche Reichweite von 2 m, um beispielsweise hoch an irgendwelchen Trägern angebrachte Magnetdosen hinunterschlagen zu können. Ebenso gut können Sie derartige Dosen auch wieder an den ursprünglichen Platz befördern, wenn Sie die letzten Elemente wie einen Greifer um die Dose falten. Und schwupp ist der Zollstock in Ihrer Tasche verschwunden und niemand hat mitbekommen, was Sie da treiben.

Schraubenschlüssel

Ein Schraubenschlüssel im Gepäck kann auch nicht schaden. Zu bevorzugen ist ein sogenannter Engländer. Das sind die Schlüssel mit dem eingelassenen Schneckenrädchen unter dem Maul, mit dem die Weite von 0 mm bis, je nach Ausführung, 50 mm variiert werden kann. Er ersetzt dann einen ganzen Schraubenschlüsselsatz. Eine Größe von 20 mm reicht aus, um die meisten Schrauben und Muttern zu lösen, und erspart es Ihnen u. U., das Radkreuz aus Ihrem Fahrzeug bemühen zu müssen. Ein Engländer ist in Baumärkten schon ab € 5 zu erstehen.

Stempel

Begonnen hat alles mit den Letterbox-Caches. Hier soll mit einem persönlichen Stempel in dem Logbuch der Letterbox geloggt werden. Heutzutage bieten viele Hersteller die Möglichkeit, Stempel mit individuellen Logos zu fertigen. Über das Internet können Sie z. B. bei 🖥 www.easystempel.de, 🖥 www.geocaching-stempel.com, 🖥 www.stelog.de, 🖥 www.geostempel.de, 🖥 www.stempelplattform.de oder 🖥 www.vistaprint.de Ihren persönlichen Stempel herstellen lassen.

Erste-Hilfe-Set

Leider kommt es auch beim Cachen immer wieder zu unliebsamen Überraschungen. Deshalb sollten Sie eine Ausrüstung (Im Prinzip eignet sich ein Autoverbandkasten nach DIN 13064, den sich zwei Cacher aufteilen.) wie hier aufgeführt mitführen. Sie wiegt nur wenige hundert Gramm und nimmt nicht viel Platz im Rucksack weg:

- ▷ Heftpflaster, 2,5 cm x 5 m
- ▷ Pflasterverband in ausreichender Menge
- ▷ 2 Paar Einmalhandschuhe (besser Latex als Vinyl)
- ▷ Rettungsdecke (zur Wärmeerhaltung die Silberseite nach innen!)
- ▷ Zeckenzange oder Ähnliches
- ▷ Pinzette (gegen die kleinen Dornen und Splitter)
- ▷ Verbandtuch (großflächige Schürfwunden und Brandwunden)
- ▷ 2 x 2 Wundauflagen
- ▷ Verbandpäckchen 8 x 10 cm
- ▷ 3 Mullbinden 8 cm x 4 m (insgesamt drei Binden: Verbandpäckchen für die Wunde an sich, eine Binde ggf. als Druckpolster und eine als weiteres Druckpolster in der Hinterhand)
- ▷ 2 Dreiecktücher (als Trageringe, Verband oder zur Ruhigstellung verletzter Extremitäten nutzbar. Bei Kälte und entsprechender Farbe auch gut als Kopftuch geeignet.)
- ▷ Verbandschere nach DIN 58279 (billige aus Blech gestanzte Scheren geben bei hoher Belastung schnell auf)

Und das Erste-Hilfe-Wissen aus Zeiten der Führerscheinprüfung darf auch gerne wieder aufgefrischt werden.

Bekleidung und Schuhwerk

Grundsätzlich sollten Sie robuste Kleidung bevorzugen. Wenn Sie öfters wandern, trekken oder bergsteigen sollten Sie schon ganz gut ausgerüstet sein. Bei vielen Wald- und Wiesencaches sind lange Kleidungsstücke als Schutz vor Dornen und Ungeziefer, wie ☞ Zecken von Vorteil.

Häufig ist das G1000-Gewebe des schwedischen Herstellers *FjällRäven* anzutreffen. Dieses ist robust und schnell trocknend, allerdings nicht ganz billig: Hosen ab € 80, Jacken ab € 120. Die Alternative besteht aus alten Jeans oder Bekleidung aus Militärbeständen. Oft deutlich günstiger, dafür aber schwerer und langsamer trocknend. Ob gewollt oder nicht, es kann auch schon mal nass werden. Auch ist der militärische Look nicht immer von Vorteil. Eine weitere Möglichkeit stellt Berufsbekleidung für Handwerker, wie von *Engelbert Strauss*, dar. Sie ist extrem robust und mit einer Vielzahl von Taschen für die CGA ausgestattet.

Weiterhin ist es sinnvoll bei entsprechender Wetterlage Regenbekleidung mitzunehmen. Stellt sich natürlich die Frage, ob es die guten *GoreTex*-Sachen sein müssen oder etwas Einfacheres. Da es durchaus schon mal durch Unterholz geht oder gekrochen werden muss, sollten Sie berücksichtigen, dass das den guten Sachen selten zuträglich ist.

Festes Schuhwerk, am besten gute Wanderschuhe sind für den Geocacher beim Suchen in Wald und Wiese Pflicht! Auch sollten Sie den Schuhen lieber öfters wie gelegentlich etwas Pflege angedeihen lassen. Es ist immer sehr unschön doch mal durch einen Bach gehen zu müssen und hinterher nasse Füße zu haben, nur weil die Schuhe nicht gewachst waren ...

Die erweiterte Grundausstattung

Zu der erweiterten Grundausstattung, kurz ECGA (☞ GC-Slang), werden alle die Ausrüstungsgegenstände gezählt, die selten zum Einsatz kommen, oder für die spezielle Kenntnisse erforderlich sind. Auch hier gibt es keine Grenzen, so gibt es z. B. eine Vielzahl von Caches, die das Mitführen von Schlauchbooten erfordern!

Auch ein Wagenheber kann sich als nützliches Utensil erweisen. Glücklicher- oder besser fairerweise sind solche Besonderheiten meist aus dem Listing oder aber den Logs zu ersehen.

Handtuch und Badesachen
Sollten für den geplanten oder ungeplanten Gang ins oder durchs Wasser bereitgehalten werden.

Fernglas

Immer hilfreich, wenn es gilt Informationen zu erhalten, die sich außerhalb der üblichen Reichweite an Bäumen oder jenseits von Bächen befinden oder einfach, um Tiere auf der Tour zu beobachten. Das Fernglas umgekehrt gehalten taugt auch gut zum Vergrößern von Informationen, die mit einer sehr kleinen Schriftgröße gedruckt wurden.

Greifer

Wie sie für das Mülleinsammeln benutzt werden. Es gibt erstaunlich stabile Qualitäten, mit denen sich die Reichweite der Arme um einen guten halben Meter vergrößern lässt. Mit einem Greifer können auch größere Dosen sicher geborgen und wieder versteckt werden.

Erhältlich sind Greifer ab € 10 in Baumärkten, bei Discountern und natürlich in Geocaching-Shops.

Bits

Für die alltäglichen Schraubereien beim Cachen langt normalerweise ein Schweizer Messer oder ein Tool. Mancher Owner hat sich aber besondere Schikanen einfallen lassen.

Beispielsweise hat er die Schrauben eines Behälters, in dem es einen Hinweis zu finden gilt, durch Inbusschrauben oder Torx ersetzt. Daher ist es durchaus angeraten, eine gewisse Auswahl verschiedener Bits mit sich zu führen, um auch in derartigen Fällen gewappnet zu sein. Sets einfacher Qualität finden Sie in Baumärkten schon ab € 5.

Innenvierkant

Bei einigen Caches besonders auf Lost Place Geländen kann der Einsatz eines Innenvierkant-Schlüssels erforderlich werden. In den meisten Fällen hilft Ihnen hier auch schon eine ausgediente Türklinke.

Saugnapf

Er sollte eine Öse besitzen, um ihn an dem Hering oder Wanderstock anbringen zu können. Mit ihm können sie auch Dosen aus Verstecken hervorholen, in die Sie nicht mit Ihrer Hand hineinpassen bzw. herankommen.

Gummistiefel

Um Caches sicher vor zufälligen Funden zu machen, besteht natürlich auch die Möglichkeit, sie in unzugänglichem Gelände zu verstecken, wo sich normalerweise keine anderen Menschen aufhalten. Gern wird ein Terrain ausgewählt, das durch Bäche zerschnitten wird. Hier leisten Gummistiefel wertvolle Dienste.

Die günstigen Stiefel aus den Baumärkten für € 5 sind in den meisten Fällen ausreichend. Natürlich gibt es auch hier Ausnahmen, wo dann schon mal eine Angler- bzw. Wathose erforderlich werden kann.

Knieschoner

In einigen Fällen müssen Sie sich kriechenderweise in Höhlen oder Tunneln fortbewegen. Hier erweisen sich Knieschoner, wie sie von Inline-Skatern oder Handwerkern verwendet werden, als wertvolle Utensilien. Schützen sie nicht nur die Knie vor spitzen Kieseln oder Schlimmerem, auch die Hose wird bis zu einem gewissen Grad vor Dreck und Wasser bewahrt. Sie selbst sind nach dem Gebrauch von Knieschonern etwas zivilisationstauglicher und Ihnen bleibt die Erfahrung komplett durchnässter Knieregionen erspart.

Faltschüssel

Es gibt einige Caches, bei denen die Dose mit dem weiterführenden Hinweis so geschickt oder unglücklich, je nach Sichtweise, in einem Loch oder einer Röhre liegt, dass Sie sie mit den üblichen Tools nicht erreichen können. Mit einer Faltschüssel haben Sie die Möglichkeit, dieses Versteck mit Wasser zu fluten, um dann die auf der Oberfläche schwimmende Dose an sich zu nehmen.

Handschaufel

Laut dem Regelwerk von *Groundspeak Inc.* dürfen Caches nicht vergraben werden. Dennoch kommt es vor, dass Caches leicht mit Kiesel oder Erde bedeckt sind. Hier findet eine kleine Handschaufel, sei sie bei den Junioren geborgt oder im Outdoor-Fachhandel für unter € 10 erworben, ihren Einsatz.

Lockpicking-Set

Wenn es darum geht, Caches zu suchen, die mit Schlössern (ohne extra verstecktem Schlüssel) gesichert sind, was seit einiger Zeit in Mode gekommen ist, empfiehlt es sich, das passende Werkzeug zum Öffnen dabeizuhaben. Meist weist das Listing oder der Cachename darauf hin, dass es sich um einen 👉 Lockpicking-Cache handelt. Um ein Schloss mit diesem Spezialwerkzeug zu öffnen, bedarf es einiges an Geduld, Grundwissen, wie jenes Schloss funktioniert, und Erfahrung. Die Sets sind je nach Qualität von € 10 bis € 40 in Geocaching-Shops und dem Internet zu erstehen.

Ein vorbereitender Kurs beim Verein der *Sportsfreunde der Sperrtechnik – Deutschland e.V.* (🖥 www.lockpicking.org) oder einem versierten Cacher wie *Raistlin_Storm* (GTW050) ist unbedingt angeraten!

Multimeter
Ein einfaches Multimeter befreit Sie von der lästigen Umrechnung der Farbcodes von Widerständen, die immer gerne verbaut werden. Auch ist es möglich Werte anderer elektronischer Bauteile zu ermitteln! Multimeter gibt es in Baumärkten und im Elektronik-Fachhandel ab € 5 aufwärts.

Nachtsichtgerät

Nachtsichtgeräte bekommen Sie im Handel für Jagd und Elektronik. Im Sommer können Sie einfache Geräte auch bei der einen oder anderen Discountkette für wenige Hundert Euro erstehen. In den meisten Fällen werden sie benötigt, um infrarote Markierungen oder Lichter ausfindig zu machen. Da es augenblicklich recht wenige Caches gibt, die derartiges Equipment erfordern bzw. oft auch eine Digitalkamera diese Aufgabe übernehmen kann, ist die Anschaffung von einem Nachtsichtgerät ausschließlich zum Cachen fraglich.

Stipprute

Eine ausziehbare Angelroute von 3 bis 10 m ohne die sonst üblichen Schnüre etc. Sie wird bei ☞ Angel- bzw. Biltema-Caches benötigt, wo es gilt, Dosen in größerer Höhe aus Bäumen (die nicht zu erklettern sind) zu angeln. Stippruten sind in Angel- und Sportkaufhäusern im Bereich von € 10 bis € 50 zu finden.

Die erweiterte Grundausstattung kennt keine Grenzen! So gibt es nicht wenige Geocacher, deren Cache-Mobile vor lauter Equipment kaum noch Platz für einen Beifahrer bieten ...

Hier werden dann noch Wurfsäcke, Wathose, Slackline, Strick- und Teleskopleiter, Bogen, Steigeisen, Amateurfunkausrüstung, diverse Rechner, Schlauchboot, Taucherausrüstung, mitgeführt – teilweise sogar mehrfach ...

Es sind sogar schon Hebebühnen beim Cachen vorgefahren worden!

Wandercaches

Kompass

Trotz der modernen GPS-Technik, die dieses Spiel erst möglich gemacht hat, hat der gute alte Kompass lange noch nicht ausgedient. Meist reicht es, einen einfachen Kompass dabeizuhaben. Sei es, um grob die Himmelsrichtung abzuschätzen, wenn das GPS gerade mal keinen Empfang haben sollte, oder fix eine Peilung machen zu können. Eine Variante mit Spiegel hilft auch beim Suchen unter Bänken etc.

Karte

Obwohl es mittlerweile gute Karten für die GPS-Empfänger und GoogleMaps für das Handy gibt, ist es oft hilfreich, eine richtige Karte mitzuführen, besonders in einem Gelände, das Ihnen nicht ganz so vertraut ist. Auf dieser können Sie größere Distanzen überblicken und Hindernisse wie Bäche, Flüsse, Schluchten etc. leichter ausfindig machen als auf der rein- und rausgezoomten Karte auf dem kleinen Display eines kartenfähigen GPS oder Handys.

Hilfreiche Tools zur Arbeit mit Karten finden Sie unter 💻 www.maptools.com. Einige der Tools können Sie einfach downloaden und mit einem Laserdrucker auf eine Folie drucken. Weiterhin steht eine große Auswahl von Tools für die unterschiedlichsten Kartenmaßstäbe zum Kauf bereit.

Wanderstöcke

Ein Teleskop-Wanderstock hilft Ihnen beim Bergen und Anbringen von Caches, die, z. B. mittels Magneten an Stahlträgern befestigt, außerhalb der üblichen Reichweite Ihrer Arme liegen. Besonders in den Fällen, wo Sie in dichtem Unterholz, großem Buschwerk mit dichtem Bodenbewuchs oder dorniger Vegetation suchen müssen, ist ein Wanderstock hilfreich.

Oft kommt es vor, dass es dort mehr als eine Versteckmöglichkeit gibt. Oder Sie können das Versteck nicht mit dem ausgestreckten Arm erreichen bzw. laufen Gefahr, sich den Arm zu zerkratzen. In diesen Fällen haben Sie über 1 m zusätzliche Reichweite, mit der Sie unbeschadet auf Gehör stochern oder niedere Vegetation beiseite drücken können, um die Versteckmöglichkeit genauer zu inspizieren.

Natürlich dienen Wanderstöcke beim Geocachen im unwegsamen Gelände auch als Balancehilfe und entlasten die Knie beim Bergabgehen.

Bekanntester Hersteller dürfte die Firma *Leki* sein. Aber auch andere Firmen wie *Black Diamond, Komerdell, Decathlon* oder *VAUDE* stellen hochwertige Stöcke her. In den meisten Fällen können Sie die Stöcke nur paarweise erwerben, ab € 50 erstehen Sie ein Paar in guter Qualität.

Wintercaches

Wenn die Tage wieder kürzer werden, beginnt die große Zeit der Nachtcaches. Da dann bekanntlich auch die Temperaturen zurückgehen, sollten Sie hier auch unbedingt einige spezielle Ausrüstungsgegenstände mitnehmen!

Gefütterte Handschuhe

Je nach Höhe oder besser Tiefe der Temperatur sollten Sie zu den normalen Arbeits- oder Radhandschuhen leichte Unterziehhandschuhe, z. B. von der Firma *Odlo* für € 15 im Sport-Fachhandel, oder gefütterte Handschuhe mitführen.

Handwärmer

Sehr praktisch sind die kristallinen Handwärmer, bei denen Sie nur ein Metallplättchen drücken müssen und für eine halbe Stunde wieder warme Hände bekommen.

Diese können Sie mittlerweile ab Herbst in vielen Drogerien, Baumärkten, ja fast überall erwerben. Wichtig ist, eine ausreichende Anzahl mitzuführen, da sie nach Gebrauch wieder aufgekocht werden müssen.

Taschenofen

Eine weitere Alternative für warme Hände und auch für € 5 bis 10 im Outdoor-Fachhandel und in Militär-Shops zu erstehen. Es gibt Öfen mit einem Kohlestab und solche, die mit Feuerzeugbenzin betrieben werden. Diese halten zwischen 3 bis 10 Std. warm, haben aber den Nachteil, dass sich etwas Geruch entwickelt.

Thermosflasche

Eine Thermosflasche mit einem Heißgetränk oder einer Brühe hat auch schon Wunder gewirkt. Ein heißer Tee hat schon so manche „eingefrorene Hirnwindung" wieder aufgetaut und plötzlich lag des Rätsels Lösung oder der lange vergeblich gesuchte Hinweis auf der

Hand! Zu beachten ist eigentlich nur ein gut schließender Verschluss, ansonsten verrichten die günstigen Modelle aus Asien, die ab € 10 zu erwerben sind, genauso ihren Dienst wie die Luxusausführungen.

Salz oder Enteisungsspray

Ja, Salz. Auch im Winter in unseren Breiten kommt es ab und an vor, dass sich der Aggregatzustand des Wassers ändert. So kann schon mal der eine oder andere Cache in seinem Versteck einfrieren oder auch nur der Deckel festfrieren. Eine Prise Salz oder etwas Enteisungsspray auf die vereiste Stelle schafft da Abhilfe.

Klettercaches

Es dauerte nicht lange, bis die ersten Caches auch von bergsteigenden Geocachern versteckt wurden – selbst am Mount Everest liegen Caches! Diese liegen meist an sehr schönen Orten, bedürfen aber spezieller Ausrüstung und Kenntnisse, um sie zu bergen. Auch gibt es Geocacher, die Ihre Caches sehr hoch an Bäumen oder Bauwerken verstecken. In diesen Fällen ist es hilfreich, wenn Sie bei dem Heben der Caches zusätzlich durch ein Seil gesichert sind. Hier nun eine Liste der Minimalausstattung, der Sie bedürfen, um derartige Caches zu bergen:

Helm

Sehr wichtig, da nicht immer alles Gute von oben kommt – schnell ist im Baum mal ein Ast im Wege oder ein Stein fällt aus der Felswand. Erfahrene Kletterer wissen, dass so etwas häufiger vorkommt, als es einem lieb ist.

Kletterhelme gibt es im Outdoor-Fachhandel ab € 60

Gurt

Im Kletterbereich wird zwischen verschiedenen Gurten unterschieden. Es gibt Komplettgurte, die oft im alpinen Bereich zum Einsatz kommen. Diese werden ähnlich einem Overall angezogen, d. h. neben den Schlaufen um die Beine haben Sie auch welche um den Oberkörper. Diese sind größer und schwerer, aber auch sicherer, da es nicht möglich ist, aus dem Gurt herauszurutschen. Ein Sitz- oder Hüftgurt besteht lediglich aus den Schlaufen um die Beine und um die Taille, die miteinander verbunden sind. Klettergurte finden Sie im Outdoor-Fachhandel, preislich rangieren sie von € 35 bis 150.

Seil

Für viele Einsätze genügt eine Seillänge von 25 m. In jedem Falle müssen Sie beachten, dass das Seil dynamisch und nicht statisch ist! Ein dynamisches Seil hat eine Seildehnung, die einen Sturz etwas abfedert. Geht es jedoch um technische Klettereien wie das Aufsteigen am Seil mit Steigklemmen, dann ist wiederum ein statisches Seil, also eines ohne Seildehnung, erforderlich!

Hier gilt es, sich genau im Vorfeld zu informieren, welche Art von Cache angegangen werden soll, und sich nicht nur um das richtige Equipment, sondern auch um entsprechendes Fachwissen und erfahrene Partner zu kümmern! Regionsbedingt kann die Anforderung an die Seillänge stark differieren! Klassische Längen von Bergseilen sind 50, 60 und 70 m. Der Durchmesser für ein Einfachseil liegt zwischen 9,5 und 12 mm. Es gibt zwar auch Halb- und Zwillingsseile mit geringeren Durchmessern, diese sind aber nur für spezielle Einsätze im alpinen Bereich gedacht und sollten für das Cachen außer Acht gelassen werden! Ein Seil von 50 m Länge können Sie ab € 90 erwerben.

HMS-Karabiner

Der HMS-Karabiner ist ein großer birnenförmiger Karabiner mit einer Sicherung gegen ungewolltes Öffnen. Er dient zum Sichern des Kletternden mittels des Halbmastwurfsicherungsknotens, kurz HMS. Wenn Sie mit diesem Knoten Ihren Seilpartner sichern, benötigen Sie einen Karabiner dieser Art, den Sie ausschließlich zum Sichern benutzen! Ein weiterer Karabiner dieses Typs ist sinnvoll, um den Abseilachter im Gurt alpenvereinskonform zu fixieren. Dieser sollte dann eine andere Farbe haben, um die beiden besser unterscheiden zu können.

Einen HMS-Karabiner können Sie ab € 10 erwerben.

Schraubkarabiner

Schraubkarabiner haben, wie ihr Name schon vermuten lässt, eine Sicherung, die vor ungewolltem Öffnen schützt. Sie werden sinnvollerweise an Stellen eingesetzt, wo die Gefahr besteht, dass sich das Seil aus einem normalen Karabiner selbst aushängt. Einen Schraubkarabiner erhalten Sie ab € 8.

Abseilachter

Der Abseilachter dient zum Abseilen und zum Sichern. Gegenüber dem HMS-Karabiner hat er beim Sichern den Vorteil, dass das Seil leichter läuft und nicht krangelt (sich verdreht). Nachteilig ist der größere Kraftaufwand beim Sichern, gerade wenn der Kletternde deutlich schwerer als der Sichernde ist. Seine Hauptaufgabe liegt jedoch im Abseilen, was an einigen speziellen Caches notwendig sein kann.

Auch den Abseilachter bekommen Sie ab € 10.

Reepschnur

Die Reepschnur hat einen geringeren Durchmesser als das Seil und ist statisch, d. h. unter Belastung verändert sich die Länge nicht.

Verwendet wird sie, um Zwischensicherungen im Fels oder auch Baum zu legen. Wichtig ist sie auch zum Prusiken (☞ Abseil- und Klettercaches).

Hierfür benötigen Sie zwei Reepschnüre mit einem Durchmesser von 5 oder 6 mm und einer Länge von 1 und 4 m.

Schlauchband

Das Schlauchband dient ebenfalls zum Bau von Zwischensicherungen. An manchen Stellen ist das flache Band leichter anzubringen als eine 6 oder 7 mm starke Reepschnur. Auch beim Arbeiten mit Klemmknoten an glatten Baumstämmen ist es der Reepschnur überlegen, da es nicht wieder herunterrollen kann.

Steigklemmen

Die Steigklemmen werden beim Aufsteigen an einem Seil benötigt. Dies kann generell auch mit Prusik-Knoten gemacht werden, ist aber deutlich zeit- und kraftaufwendiger als mit Steigklemmen. Sie benötigen immer zwei Klemmen. Diese gibt es in verschiedenen Ausführungen.

Die kleinen silbernen *Tibloc*, die in Kombination mit einer Reepschnur und einem Schraubkarabiner zum Einsatz kommen, liegen preislich bei € 25 pro Stück. Dann gibt es noch die exklusiveren Modelle. Hier wird zwischen verschiedenen Lösungen unterschieden. Es gibt eine Basisversion zum Fixieren am Gurt, eine weitere Variante mit Griff in den Ausführungen für Rechts und Links und eine Klemme, die direkt am Schuh befestigt werden kann.

Ihr Einsatz schont das Seil und ist schneller, dies hat seinen Preis bei € 50 pro Stück.

1 Steigklemme Basisversion; **2** Steigklemme rechts mit Karabiner und Schlauchband für Fußschlaufe; **3** Tibloc mit Karabiner

Funk

Bei einem Hobby mit so viel Hightech kann der Funk natürlich nicht fehlen! Im deutschsprachigen Raum hat sich das PMR (Private Mobile Radio) gegen LPD (Low Power Device) und CB (CityBand) durchgesetzt. Ausschlaggebend dürften das geringe Gewicht, die einfache Handhabung und die kostengünstige Anschaffung sein. PMR-Funkgeräte benutzen Frequenzen zwischen 446 und 446,2 Mhz. Damit sind sie gebühren- und lizenzfrei. Mit einer Leistung von bis zu 500 mW können sie im Idealfall Reichweiten von bis zu 4 km erzielen. Sie haben sechzehn (seit 28.09.2016, vorher nur acht) feste Kanäle, wobei sich der Kanal **Zwei** beim Geocaching etabliert hat.

In der Praxis werden Funkgeräte gern von Gruppen und in schwierigem Gelände eingesetzt. Bei Letzterem kommt es oft zu einer erheblichen Reduzierung der

Reichweite. Im Sommer können Sie durchaus ein Paar für unter € 20 bei den großen Lebensmittelketten erstehen.

Hochwertige Geräte können mit einer Freisprecheinheit ausgestattet werden und sind nicht selten spritzwassergeschützt oder wasserdicht. Diese können dann auch schon mal mehrere Hundert Euro kosten, sind aber von der Qualität deutlich besser. Hier entscheidet die Häufigkeit des Einsatzes über die Wahl des Gerätes.

Cachereparatur und Wartung

Heißkleber und Feuerzeug

Beides benötigen Sie zwar nicht, um einen Cache zu heben, aber zum Pflegen und Warten von Caches. Hin und wieder kommt es vor, dass sich ein Magnet in der Dose löst, sei es nun durch Temperaturschwankungen oder schlechte Verklebung. Meist sind diese Behälter dann nur schwer wieder an ihrem ursprünglichen Versteck zu befestigen.

Mit etwas Heißkleber im Gepäck können Sie schnell Abhilfe schaffen. Einfach eine Scheibe von dem Heißkleber abschneiden und anzünden, der Kleber verflüssigt sich dann. Die Flamme auspusten und den flüssigen Kleber an die entsprechende Position in der Dose streichen und den Magneten hineindrücken, fertig ist die behelfsmäßige Reparatur. Der Owner wird es Ihnen danken und Sie können die Dose wieder so platzieren wie vorgesehen. Die Dämpfe sollten Sie selbstverständlich besser nicht einatmen!

Gewebeklebeband

Mit einem guten Gewebeklebeband sind Sie in der Lage auch größere Risse in defekten Kunststoffbehältern fachgerecht zu flicken.

Tüten

Ein Cache soll möglichst lange halten, ist aber nicht immer ausreichend vor Witterungseinflüssen geschützt. Daher wird in einigen Fällen der Behälter zusätzlich durch **einen** Kunststoffbeutel gesichert. Dieser leidet natürlich im Laufe der Zeit.

Durch das Mitführen einer oder mehrerer dunkler Tüten können Sie die alten löchrigen Tüten ersetzen. Die nachfolgenden Cacher und der Owner werden es Ihnen sicher danken.

Ohne Werkzeug schwierig zu bergen

Kunststoffbeutel sind im Allgemeinen schon sehr hilfreich. Sie können sie nicht nur zum zusätzlichen Schutz des Caches oder zum Abtransport schmutziger Kleidungsstücke verwenden. Wenn Sie ausreichend große Tüten mit sich führen, haben Sie damit z. B. in Verbindung mit etwas Schnur oder Gummibändern die Möglichkeit, Gummistiefel zu improvisieren. Denn nicht immer ist aus dem Listing eines Caches zu ersehen, dass es durch tieferes Wasser geht.

Ersatzdosen

Eine kleine Auswahl verschiedener Dosen und PETlinge sollten Sie immer dabeihaben. So können Sie schnell einmal eine defekte Dose einer Station eines Multi-Caches oder eines Micro-Caches ersetzen, ohne den Owner bemühen zu müssen.

Schraubverschlüsse

Großer Beliebtheit erfreuen sich die PETlinge. Nicht zuletzt aufgrund ihrer Wasserdichtigkeit. Allerdings gibt es da etwas zu berücksichtigen …

Oft wird der Deckel immer fester und fester „angeknallt", wodurch sich das Gewinde des Kunststoffdeckels verzieht und Feuchtigkeit in den ehemals wasserdichten Micro-Cache gelangt. Also bitte, die Deckel nur „**handfest**" zudrehen!

Ein mitgeführter Ersatzdeckel, vorzugsweise in schwarz oder grün, hat in solchen Fällen auch schon Abhilfe schaffen können.

Logzettel bzw. Notlogbuch

Das Mitführen eines Logzettels oder eines Notlogbuchs ist zwar nicht zwingend notwendig, aber Sie können sich damit bei den anderen Cachern sicher Freunde machen. Nicht immer hat der Owner die Möglichkeit, einen Cache zeitnah zu warten, wenn das Logbuch oder der Logzettel vollgeschrieben ist. Ein neuer Logzettel ist fix im Cache abgelegt und die nachfolgenden Geocacher müssen ihre Logeinträge nicht in einem vollen Logbuch zwischen andere Beiträge quetschen.

☞ Ersatz-Log-Zettel Anhang Seite 215 bis 216

Silikat

Kleine Beutel mit Silikat erhalten Sie oft kostenlos beim Erwerb elektronischer Waren und hochwertiger Daunenbekleidung. Sie sind dazu gedacht, die Ware vor Feuchtigkeit zu schützen, indem sie der Luft in ihrer näheren Umgebung die Feuchtigkeit entziehen. Aus diesem Grund sind sie auch gut zum „Trockenhalten" von Caches zu gebrauchen. Mit ein paar Beuteln in Ihrem Gepäck können Sie Caches, in die Feuchtigkeit eingedrungen ist, wieder zu ihrem ursprünglichen Klima verhelfen.

Werde Fan bei Facebook und Instagram!

www.facebook.com/outdoorverlag

www.instagram.com/outdoorverlag

Geocaching in der Praxis

Cachergarn: Natur, Umwelt und Augenmaß

Anfang 2011 zogen mein Cacherkumpel Holger und ich in den Deister zu einer kleinen Tour aus. Der Zufall wollte es, dass wir eine Strecke wählten, die wir im Sommer drei Jahre zuvor mit einem größeren Team beschritten hatten.

„Weißt Du noch damals mit der Gruppe, da waren wir auch hier …" „Und war da hinten nicht der Baum, in dem dieser Fallschirm hing?" „Ja, das war da hinten … und, schau mal, der hängt da ja immer noch!" „Tatsächlich, lass uns mal schauen, ob es einen Weg dorthin gibt."

Besagter Baum steht ca. 200 m vom Weg entfernt, dazwischen eine Schonung mit dicht gewachsenen jungen Laubbäumen – ein Durchkommen wäre schon allein aufgrund der dabei eingesammelten Zecken weder ratsam noch sinnvoll gewesen. Aber auch hier kam uns der Zufall zur Hilfe, eine alte Schneise führte von einer anderen Seite direkt unter den Baum. Und tatsächlich, kurze Zeit später waren wir unter dem Baum, 20 m höher ein hellroter Fallschirm von ca. 1,5 m Durchmesser, viele Kunststoffleinen, weiße Latexschnipsel vom geplatzten Ballon auf dem Boden. Nachdem wir das Gelände etwas sondiert hatten, fanden wir noch ein ca. 300 g schweres Kästchen, etwa doppelt so groß wie eine Verteilerdose. Ein Klarsichttäschchen mit einem zusammengefalteten rosa Zettel war mit Klebeband fixiert und leider im Laufe der Jahre und durch den Regen völlig aufgeweicht. Also, eingepackt und zum nahe gelegenen Geocacher-Shop gedüst, um das Ganze im Trockenen genauer unter die Lupe nehmen zu können. Dort angekommen begann die Untersuchung der Wettersonde und des Hinweises an den Finder – hieraus ging hervor, dass diese Sonde vor fünf Jahren gestartet wurde und ein Wegwerfartikel ist, den man doch „artgerecht" entsorgen möge …

Radarreflektor, Fallschirm und Ballonreste

Bei weiteren Recherchen stellte sich heraus, dass es allein in Deutschland 14 Standorte gibt, die jeden Tag zwei bis vier dieser Wetterballons starten,

d. h. es werden täglich bis zu 39 Sonden – also 11,7 kg feinster Elektronik-Schrott (nach drei Stunden Flug) zuzüglich Leinen und Plastik – in die Umwelt entlassen! Aufs Jahr gesehen macht das 14.235 Ballone und 4,27 Tonnen(!) zzgl. der gleichen Masse an Schnüren und Plastikfallschirmen!

Eingesammelt werden diese Wettersonden übrigens nicht! Lediglich einige wenige Amateurfunker haben Spaß daran, sie zu orten und, wenn möglich, auch zu bergen.

Bei diesen nicht ganz unerheblichen Zahlen fragte ich mich natürlich, warum ich in meiner ganzen Wander- und Cacherkarriere nicht schon viel

Vorsichtige Sektion der Sonde

früher über solch eine Sonde gestolpert war … Also, nichts lag näher, als meine befreundeten Wald-und-Wiesen-Cacher, Outdoortrainer, Kontakte bei Wanderverbänden und schließlich meine Follower bei Twitter zu befragen. Einer Handvoll war so etwas schon einmal untergekommen, doch bei über 95 % erntete ich ein Kopfschütteln.

Aber warum diese lange Vorgeschichte?
Zum einen geht es mir darum, bei allen Punkten auch einmal ein gesundes Augenmaß walten zu lassen, zum anderen aber um einen bewussten Umgang mit unserem Spielfeld, eben der Natur.

Heute will ja jeder irgendwie „green" sein und es wird einem oft ach so einfach gemacht – man kaufe einfach einen Kasten Bier einer bestimmten Marke und schon ist alles wieder gut, das Gewissen beruhigt ...

Aber ist es wirklich so einfach?
Konkrete Tipps, was Sie als Geocacher selbst tun können, finden Sie unter ☞ Natur & Umwelt, unter ☞ Quick-Links sind außerdem weiterführende Internetseiten zu dem Thema aufgelistet.

Das Internet

Neben dem richtigen Umgang mit dem GPS-Empfänger ist der Umgang mit dem Internet erforderlich. Sie können dort die gewünschten Caches für die Jagd auswählen und nach erfolgreicher Suche entsprechend loggen. Nachfolgend werden die wichtigsten Funktionen der bekanntesten Organisationen vorgestellt.

Geocaching.com

Bei GC finden Sie im oberen Teil der Homepage eine dunkelgrüne Menüleiste. Oben rechts sehen Sie, ob Sie eingeloggt sind oder nicht, und einen weißen Briefumschlag für „Messages" (für das Message-Center für den schnellen Kontakt zu einzelnen Geocachern, wenn Sie eingeloggt sind). Seit Mitte 2010 können die Seiten teilweise in Deutsch dargestellt werden, was Sie in Ihren Account-Details

und oben mittig neben der Anmeldung einstellen können. Auf einem guten Teil der Seiten wandert die „Spracheinstellung" nach erfolgtem Login nach unten links in die braune Fußleiste der Homepage. Da dies nicht immer zu 100 % funktioniert, werden die nächsten Punkte anhand des englischen Originals beschrieben.

Account
Wenn Sie die Homepage von GC unter 🖥 www.geocaching.com besuchen, startet ein Intro, das Geocaching in 75 Sekunden vorstellt. Oben rechts finden Sie in der Menüleiste zwei Buttons „Sign Up" und „Already a geocacher? Sign In" sowie die Einstellung für die Sprache. Mit einem Klick auf „Sign Up" öffnet sich eine neue Seite, wo Sie entweder mit einem bestehenden Facebook-Account einloggen oder unter Angabe einer E-Mail-Adresse, eines Nicknames, eines Passwortes und Setzen des Häkchens „Receive tips and updates from Geocaching" einen kostenlosen Geocaching-Account eröffnen können.

Eingeloggt können Sie durch Anklicken des rechten Buttons „**Upgrade**" eine kostenpflichtige Premium-Membership einrichten. Diese Mitgliedschaft kostet zzt. € 9,99 für 3 Monate bzw. € 29,99 für 12 Monate. Bezahlen können Sie über Paypal oder eine Kreditkarte.

Vorteile sind zusätzliche Möglichkeiten wie der Download von Caches nicht nur im LOC-, sondern auch im GPX-Format, das Führen von Listen und diversen Statistiken zu Ihrem Cacherdasein, Benachrichtigungen über neue Geocaches, Offline-Karten für die offizielle Geocaching-App und die Vergabe von 🏅 Favoritenpunkten (einer auf zehn gefundene Caches), wenn Ihnen ein Cache besonders gut gefallen hat.

Der wichtigste Vorteil sind die „Pocket Queries". Dies sind GPX-Dateien mit zzt. bis zu 1.000 Caches, die Sie über einen Download-Link auf das GPS kopieren können. Neben den GC-Kürzeln, Namen der Caches und den Koordinaten enthalten diese Dateien zusätzlich das Listing mit den letzten fünf Logs. Sie können in verschiedenen Formaten (GPX mit Listing oder LOC ohne Listing) erstellt werden.

Suchen
Auf der Hauptseite können Sie im oberen Drittel mittig unter „Search the millions of geocaches worldwide" eine Suche nach GC-Kürzel, Adresse, Postleitzahlen oder Koordinaten starten.

Wenn Sie eingeloggt sind und in das weiße Feld klicken, öffnet sich ein PopUp-Menü mit den Optionen „Use my home location" und „Use my current location". (Bei Letzterem wird die aktuelle Position des Rechners mittels WLAN, GPS oder Mobilfunknetz ermittelt.) Wählen Sie eine Option oder schreiben Sie die gewünschen Koordinaten in das weiße Feld und mit Klicken der Lupe beginnt die Suche von dem ausgewählten Standort aus.

Mit einem Klick auf den Button „Play" in der Menüleiste oben links bekommen Sie folgende Auswahl:

▷ „Search", Suchen eines Caches
▷ „View Map", Karte mit Geocaches anzeigen
▷ „Hide a Geocache", Verstecken eines Caches
▷ „Log a Geocache", den Besuch eines Caches loggen
▷ „Trackables", Verfolgen von Travel Bugs und Geocoins
▷ „GeoTours", spezielle von GC beworbene Touren (☞)
▷ „Pocket Queries", die oben erklärten GPX-Dateien, nur für Premium-Member
▷ „Drafts", ehemals „Field Notes", einfache TXT-Dateien, die von GPS-Geräten beim Loggen eines Caches erstellt und hier hochgeladen werden können. Sie erleichtern nach längeren Cache-Touren bzw. im Urlaub das nachträgliche Loggen ohne das komplette Cache-Listing für jeden einzelnen Cache aufrufen zu müssen.

Klicken Sie „Search", um einen Cache zu suchen. Auf der Seite finden Sie jetzt eine Zeile, wo Sie eine Suche nach Stadt, GC-Kürzel, Adresse, oder Koordinaten (zzt. max. 16 km Radius) starten können. Durch Klicken auf „Add Filter" stehen zusätzlich verschiedenste Filter zur Auswahl:

▷ Umkreissuche (zzt. max. 20.000 km!)
▷ „Geocaches Types", die verschiedenen ☞ Cachetypen
▷ „Difficulty", Schwierigkeitsgrad 1 bis 5, ☞ Schwierigkeitsgrade
▷ „Terrain", Schwierigkeit des Geländes, 1 bis 5, ☞ Schwierigkeitsgrade
▷ „Size", ☞ Größe des zu suchenden Caches
▷ „Minimum Favorit Points", Minimum ☞ Favoritenpunkte, diese können nur von Premium-Member vergeben werden, vergleichbar den Likes beim Facebook
▷ „Geocache Name Contains …", Stichwortsuche

- „Not Found By", nicht gefunden von einem bestimmten Geocacher
- „Hidden by", von einem bestimmten Geocacher versteckt
- „Limit Search To …", Eingrenzung auf eine Region
- Auf der rechten Seite können dann noch verschiedene Optionen, die auf „All" voreingestellt sind, an- und abgewählt werden:
  - „I haven't found", „All", „I've found", gefunden oder nicht
  - „I don't own", „All", „own", eigene Caches oder nicht
  - „Enabled", „All", „Disabled", aktiv oder deaktiviert
  - „Premium", „All", „Basic", von Premium-Member oder Basic-Member versteckt
  - „has corrected coordinates", hat korrigierte Koordinaten
  - „has personal geocache note", hat eine persönliche Notiz

Sie erhalten dann den Cache oder eine Liste, auf die Ihr Filter zutrifft. Wenn Sie nicht eingeloggt sind, sehen Sie nur die Beschreibung, nicht jedoch die Koordinaten!

Watchlist

Weiterhin haben Sie bei GC die Möglichkeit, eine Watchlist zu führen. Wenn Sie auf der Seite eines Caches oder eines TBs sind, können Sie im Navigations-Menü oben rechts den Punkt „Watch" auswählen. Der Cache oder TB wird dann in Ihre Watchlist aufgenommen und Sie erhalten bei jedem Log eine E-Mail mit dem Inhalt des Eintrages.

Eine vorhandene Aussparung in einem Pfosten lädt als Cacheversteck ein, Tarnung davor, fertig

Loggen

Haben Sie einen Cache aufgerufen, können Sie diesen natürlich auch loggen. Hierfür nutzen Sie im Navigations-Menü die Funktion „Log your visit" im oberen rechten Bereich der Seite. Im folgenden Formular wählen Sie die Art des Logs sowie das Datum aus. Eine persönliche Notiz sollten Sie dann natürlich auch eintragen. Am Ende besteht noch die Möglichkeit, einen Travel Bug, soweit vorhanden, in den Cache abzulegen. Diesen müssen Sie nur aus Ihrem Inventar auswählen, bevor Sie mit „Submit Log Entry" Ihren Log für den Cache bestätigen.

Einstellen

Wenn Sie selbst einen Geocache versteckt haben (Regelwerk ☞ Verstecken eines Geocaches), loggen Sie sich erst mal ein. Dann wählen Sie die „Hide a Geocache"-Option aus dem „Play"-Reiter. Nun öffnet sich eine neue Seite wo ein kurzes Intro übers Verstecken von Geocaches bereitgestellt, noch mal auf grundlegende Dinge, wie eine gute Loction gefunden und den Cache dort versteckt zu haben hingewiesen wird.

Auf der rechten Seite findet sich die Möglichkeit unter „Instructions for Finders" eine Kurzbeschreibung des Spiels für den Zufallsfinder in verschiedenen Sprachen herunterzuladen.

Dann stehen die Optionen zum Verstecken eines Caches und Einstellen eines Events zur Auswahl:

Zum Verstecken klicken Sie auf „Create a New Geocache" und schon gelangen Sie auf die Seite „Hide A Geocache", wo Sie die ermittelten Koordinaten eingeben können und diese auf einer Karte mit den anderen vor Ort befindlichen Caches dargestellt werden. Mit „Continue" starten Sie einen Wizzard der auf vier aufeinander folgende Seiten die Details des einzustellenden Caches abfragt. Wichtig ist es, im Vorfeld die Daten in ihrem Benutzerkonto zumindest um die „Home Location" erweitert zu haben.

1. Unter „Type & Location" wählen Sie den zu versteckenden Typ aus und prüfen nochmals die ermittelten Koordinaten.
2. Auf „Waypoints" müssen bei Multi-Caches sämtliche Stationen mitsamt Koordinaten eingetragen werden. Zusätzlich können noch weitere Punkte wie Parkplätze, Aussichtspunkte, Start der Cachetour angegeben werden.
3. Auf der dritten Seite „Description" sind „Cache Name", „Cache Placed By" – Ihr Benutzername, „Date Placed" – das Versteckdatum, die „Location" in Form von Land und Bundesland, die Beschreibung (in der Sie z. B. sämtliche Rätsel und was Ihnen noch so zu dem Cache einfällt, unterbringen) einzutragen. Ebenso können hier ein mit (☞) ROT13 verschlüsselter Hinweis, eine URL für ein Hintergrundbild und eine externe Homepage angegeben werden – letztere darf keine Werbung für irgendwelche Firmen,

Parteien oder sonst welche Einrichtungen (auch karitative) enthalten!!! Am Ende will noch ein Häkchen für die „Terms of Use Agreement" und „Geocaching hiding Guidelines" gesetzt werden, mit denen Sie bestätigen, dass der Cache dem ☞ Regelwerk entspricht und dass Sie selbiges verstanden haben!

4. Auf „Size & Rating" schließlich sind die Angaben von Größe (☞ Cachegrößen S. 30f.) des Cachebehälters und der Schwierigkeit (☞ Schwierigkeitsgrade S. 31f.) als solches: von eins = leicht bis fünf = schwer, gefolgt von einer Bewertung für das Gelände, an. Sie können also durchaus einen Cache verstecken und mit einem Stern für die Schwierigkeit versehen, da er direkt an den Koordinaten versteckt und zu sehen ist. Dafür geben Sie ihm dann aber z. B. fünf Sterne für das Terrain, da das Versteck so hoch auf einem Baum angebracht ist, dass es nicht ohne Kletterausrüstung erreicht werden kann.

Auf dieser Seite können optional mit „Attributes" noch zusätzliche Hinweise in Form von Symbolen wie z. B. für Rollstuhlfahrer geeignet, nur nachts, nur zu bestimmten Zeiten, Zeckengefahr etc. hinzufügen werden. Durch das Zuweisen der Attribute können andere Geocacher Ihren Cache besser einschätzen!

Mit Bestätigen von „Save and Preview" wird der Cache dann in den Review-Prozess gegeben.

Ein ehrenamtlicher Reviewer kontrolliert die von Ihnen gemachten Angaben und stellt den Cache innerhalb der nächsten 7 Tagen online – fertig, liest sich schwieriger, als es geht!

Weitere Services

Ein eigenes Wiki mit zusätzlichen regionalen Infos finden Sie unter 🖳 wiki.groundspeak.com, aktuelle Erläuterungen unter 🖳 www.geocaching.com/help/, den Blog *Latitude 47* unter 🖳 blog.geocaching.com und den weltweiten Event-Kalender unter 🖳 www.geocaching.com/calendar/.

Opencaching.de

Auch auf der Homepage von OC können Sie sich im Bereich oben links nach erfolgreicher Registrierung einloggen.

Account

Wenn Sie die Seite 🖳 www.opencaching.de besuchen, können Sie in dem „Hauptmenü" im linken Bereich der Homepage auf den Button „Registrieren" klicken, um einen Account einzurichten. Hier bedarf es lediglich eines Benutzernamens, einer E-Mail-Adresse und eines Passworts. Die Angabe von Vorname und Name sind optional. Die Datenschutzbelehrung und Nutzungsbedingungen müssen natürlich auch hier akzeptiert werden.

Suchen

Im rechten Bereich der Seite ist die „Wegepunkt-Suche" integriert. Mit ihr können Sie Wegepunkte von verschiedenen Organisationen mit deren entsprechendem Wegepunkt-Kürzel, also OCxxxx oder GCxxxx, suchen. Ein Ergebnis erhalten Sie natürlich nur, wenn der gesuchte Cache auch bei OC gelistet ist!

Ist ein einzelner Cache gefunden, können Sie von diesem ausgehend eine Umkreissuche vornehmen, die alle bei OC gelisteten Caches aufführt.

Eine weitere Suchfunktion finden Sie in der Menüleiste der Seite unter „Caches". Hier gelangen Sie auf ein Formular, mit dem Sie die Suche entsprechend filtern können.

Im oberen Teil können Sie „Cacheart", „Cachegröße", „Schwierigkeitsgrade", „Land", sowie verschiedenste Attribute an- oder abwählen.

Dann bestimmen Sie, wie das Ergebnis der Suche zwischen „Cachename", „Weglänge", „Gelistet seit", „letzte Logs", „mein letztes Log" dargestellt werden soll. Ein zusätzliches Häkchen für „von anderen Benutzern empfohlene Caches zuerst anzeigen" kann außerdem gesetzt werden.

Natürlich (ganz oben) besteht die Möglichkeit, verschiedene Caches wie „eigene", „gefundene", „ignorierte", „deaktivierte" und „archivierte" auszublenden.

Weiter können Sie in dem Formular nach „Ortsname", „Postleitzahl", Umkreis von den Koordinaten mit einer maximalen Entfernung filtern.

Ebenso haben Sie die Möglichkeit eine Textsuche zu starten, die über „Cachename" aber auch „Text in …": „Beschreibung", „Cachename", „Bilder" und „Logs" eingegrenzt werden kann.

Am Ende des Suchformulars können Sie auch einfach nach „Besitzer", verschiedenen „Logeinträgen" von verschiedenen „Benutzern" suchen lassen.

Haben Sie einen Cache aufgerufen, bietet OC die Möglichkeit eines Downloads in den Formaten GPX, LOC, KML, OV2, OVL, TXT oder des Betrachtens in *Google Maps* (GM) oder *OSM* (OpenStreetMap). Diese Funktionen stehen Ihnen immer zur Verfügung, auch wenn Sie nicht bei OC eingeloggt sind!

Noch bequemer funktioniert die Suche aus der Kartenansicht heraus:

Klicken Sie in der Menüleiste oben auf „Karte". Auf der rechten Seite oben können Sie zwischen der Ansicht auf OSM, GM und Satellit wählen. Mit dem Pfeil darunter öffnen Sie ein Filtermenü, in dem Sie nach Belieben Häkchen setzen oder entfernen können, je nachdem, was Sie an Caches suchen/sehen wollen. Wenn Sie erneut auf den Pfeil klicken, wird das Filtermenü geschlossen und es

steht die komplette Kartenansicht zur Verfügung. Unter dem Pfeil befindet sich noch ein blauer Button, der zur Liste der 👉 *Safari-Caches*, also beweglicher Caches, führt.

Eine weitere tolle Funktion ist die Möglichkeit, sich alle Änderungen von Caches (z. B. wenn neue Logs geschrieben wurden), die unter Beobachtung stehen, zu einem selbst ausgewählten Zeitpunkt mailen zu lassen! Die Services von OC stehen Ihnen kostenlos zur Verfügung!

Watchlist

Auch bei OC können Sie eine Watchlist führen. Hierfür klicken Sie auf der Seite eines Caches auf „Beobachten" und schon ist der Cache Ihrer Liste hinzugefügt. Unter „Mein Profil" im linken Teil der Seite können Sie die Liste unter „Beobachtete Caches" aufrufen.

Loggen

Haben Sie den Cache aufgerufen, können Sie oben links oberhalb des Cache-Namens unter dem Punkt „Log eintragen" Ihre Notiz loswerden. Sie haben hier auch die Möglichkeit den Cache zu empfehlen – pro zehn gefundenen Caches können Sie eine Empfehlung „aussprechen". Hierfür genügt es, ein Häkchen gleich unter dem Datum des Logs zu setzen.

Mit der Auswahl von „Log eintragen" wird Ihr Log übermittelt.

Wenn Ihrer Meinung nach ein Cache gegen die Regeln von OC verstößt, können Sie aus dem Listing des Caches heraus den Punkt „Cache melden" (oberhalb des Cachenamens) anklicken und kurz notieren, warum der Cache aus Ihrer Sicht nicht „okay" ist. Der Meldung wird dann vom OC-Support-Team nachgegangen.

Einstellen

Um einen Cache bei OC einzustellen, loggen Sie sich erst ein und gehen dann zu dem Menüpunkt „Caches" in der Menüleiste. Im linken Bereich der Seite wählen Sie dann im Untermenü den Punkt „Verstecken".

Sie füllen dann ein Formular beginnend mit dem Namen des Caches, Art, Größe, Koordinaten, Land, Schwierigkeit, Gelände, Zeitaufwand, Wegstrecke, optionales Wegpunkt-Kürzel (wenn bei GC gelistet) verschiedene Attribute, Sprache der Beschreibung, kurze und ausführliche Beschreibung, einem versteckten Hinweis, Versteck-Datum und einem optionalen Kennwort für das Loggen aus.

Auch hier müssen Sie am Ende noch die Nutzungsbedingungen akzeptieren und auf „Cache senden" klicken.

Weitere Services
Ein eigenes Wiki mit zusätzlichen Informationen finden Sie unter 🖥 wiki.opencaching.de sowie den Blog unter 🖥 blog.opencaching.de.

navicache
Auf der Homepage von *navicache* finden Sie links unter „NAVICACHE" den Button „My NaviCache", wo Sie sich über „Log In" einloggen können.

Account
Auf 🖥 www.navicache.com können Sie unter „My NaviCache" die Option „Sign Up!" wählen, um einen Account eröffnen zu können. Hier werden von Ihnen Name, Vorname, Benutzername, Passwort und E-Mail-Adresse gefordert. Ebenfalls müssen Sie angeben, ob andere Cacher Sie über navicache kontaktieren dürfen. Der Account bei NC ist ebenfalls kostenlos.

Suchen
Auf der linken Seite der Homepage können Sie direkt die Suche mit dem NC-Kürzel oder Postleitzahl, die allerdings in Deutschland zzt. nicht so recht funktionieren

will, nach Caches starten. Sind Sie erst einmal eingeloggt, können Sie in der Menüleiste links unter „Caches" den Punkt „Search for caches" aufrufen, um auf das Formular zum Suchen zu gelangen. Sie können eine Umkreissuche mit frei wählbarem Radius anhand von Koordinaten oder einer Stadt (in Verbindung mit dem entsprechenden Land) starten. Weiter haben Sie die Möglichkeit einer Detailsuche. Bei dieser können Sie nach Stadt, Land, Bundesland, Versteck-Datum, Schwierigkeit, Schwierigkeit des Geländes und einem Stichwortfilter, der nach „Titel", „Beschreibung" und „Cache-Besitzer" unterteilt werden kann, suchen. Eine Kombination dieser Parameter ist möglich.

Die gefundenen Caches können Sie dann markieren und mit „Add to GPSS, GPX or LOC download list" Ihrer Download-Liste hinzufügen.

Über „Caches" ☞ „My NaviCache" klicken Sie dann oben rechts auf „Download Caches", um den Download zu starten.

Ihre Auswahl erhalten Sie dann als Zip-Datei in der sich ein Ordner Namens GPSS (mit je einer einzelnen TXT-Datei pro Cache) sowie eine GPX- und LOC-Datei befinden.

Loggen

Haben Sie den Cache gefunden und auf der Homepage von NC aufgerufen, steht dem Loggen nichts mehr im Wege.

Einfach in der Menüleiste links über „Caches" den Punkt „Add Log Entry" auswählen. Es wird das Log-Formular geöffnet, in dem Sie Ihre Notiz zu dem Cache machen können. Diese bestätigen Sie am Ende mit „SUBMIT REPORT" und fertig ist das Log.

Einstellen

Unter dem Menüpunkt „Hide a cache" ist es möglich, eigene Caches bei NC einzustellen. Angegeben werden müssen hier Name des Caches, Typ, Größe, Koordinaten, Versteck-Datum, Land, Schwierigkeit, Schwierigkeit des Geländes und die Beschreibung. Eine Auswahl von Attributen, wie vorhandene Toiletten, Trinkwasser, Parkplatz, behindertengerecht und Eintrittsgelder können ausgewählt werden.

Optional können Sie noch einen Kommentar und fünf verschlüsselte Hinweise geben. Auch können Sie hier unter „Open Cache?" bestimmen, ob andere Organisationen auf Ihren Cache zugreifen dürfen.

Der Upload von Bildern ist auf maximal drei beschränkt. Der Cache wird innerhalb von 24 Std. veröffentlicht.

Umgang mit dem GPS

Genauigkeit

Eine häufig gestellte Frage, gerade bei Neulingen, ist die der Genauigkeit des GPS-Signals. Diese liegt bei 5 bis 15 m.

Viele Faktoren wie die Konstellation der Satelliten, die Art des Geländes, enge Schluchten, viele hohe Häuser in den Innenstädten, Belaubung im Wald und auch das Wetter sind hierfür ausschlaggebend. Vor allem aber gilt: Seien Sie nicht zu technikgläubig!

Jedes GPS und auch die meisten GPS-Apps geben eine Genauigkeit an. Bei Geräten von *Garmin* geschieht dies auf der Satellitenseite oben links.

Die Angabe ist der besseren Verständlichkeit halber in Metern dargestellt. Je geringer der Wert, umso besser ist die Konstellation der Satelliten zueinander und somit die Qualität der ermittelten Koordinaten. Als Vergleich die Satellitenseite mit schlechtem und gutem Empfang:

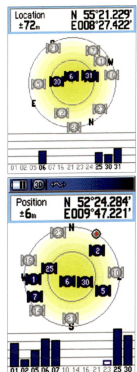

Bei einer üblichen Genauigkeit von +/- 5 m muss also eine Fläche von 78,54 m² nach dem Cache abgesucht werden – nicht eben wenig, wenn Sie nach einer Filmdose in einem Gelände losen Geröll oder in einer alten, brüchigen Mauer suchen!

In den Zeiten von WAAS (Wide Area Argumentation System) und dem Europäischen Gegenstück EGNOS (European Geostationary Navigation Overlay Service) können Sie ein korrigiertes Signal mit einer permanenten Genauigkeit von 2 bis 4 m erhalten. Ersichtlich ist dies

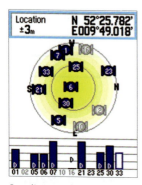

In dieser Abbildung wird zusätzlich der Satellit Nr. 33 empfangen, das D ist bei den Satelliten ersichtlich genauso wie die verbesserte Genauigkeit von +/- 3 m.

anhand eines D (wie differenziell) in den Feldstärkebalken jedes einzelnen Satelliten. Kontrollieren Sie jedoch, ob Ihr GPS das Korrektursignal auch empfangen kann! Sollte hier in Europa der Korrektursatellit EGNOS (Nr. 33) abgeschaltet oder durch das Gelände abgeschattet sein, so erfordert dies unnötige Rechnerleistung und Stromverbrauch.

Unter besonderen Umständen können Sie sogar ein Schattensignal des amerikanischen Korrektursatelliten mit der Nr. 35 empfangen, was zu einer deutlichen Verschlechterung der Genauigkeit führt!

Berücksichtigen Sie auch, dass der Cache ggf. zu einer Zeit oder mit einem älteren GPS versteckt wurde, wo das Mitteln der Position oder die Zuhilfenahme des geostationären Korrektursatelliten nicht möglich war. Auch muss immer mit einer schlechten Satellitenkonstellation gerechnet werden, oder Sie empfangen, hervorgerufen durch Geländegegebenheiten wie Häuserschluchten oder steile Felswände, reflektierende Signale (Multipath-Effekt). Hier hilft Ihnen nur das genaue Lesen der Beschreibung und der Logs der Vorfinder. Mit der Zeit bekommen Sie ein geübtes Auge, wo Sie sinnvollerweise suchen sollten.

Richtungsangaben

Solange Sie in Bewegung sind, zeigt Ihnen Ihr GPS auch immer die richtige Richtung an. Dies geschieht durch die Veränderung der Laufzeit der Signale von den Satelliten. Wenn Sie jedoch stehen bleiben, differieren die Signale nicht und das GPS ermittelt die Position, aber eben nicht mehr die richtige Himmelsrichtung!

Ausgenommen sind hier die Geräte mit einem integrierten elektronischen Kompass, der dann auch eingeschaltet und kalibriert sein sollte! (Kalibrieren Sie den Kompass des GPS am besten nach jedem Batteriewechsel, ansonsten kann es zu nicht unerheblichen Abweichungen kommen! Bei vielen Smartphones mit integriertem elektronischen Kompass wird Ihnen diese Arbeit von der Systemsoftware abgenommen, d. h., das Smartphone fordert Sie irgendwann einmal auf, den

Kompass zu kalibrieren. Wenn Sie dem nicht trauen wollen, gibt es verschiedene Kompass-Apps, mit denen Sie eine Kalibrierung erzwingen können – hier hilft ausprobieren!) Bei allen anderen Geräten kann an dieser Stelle wieder der gute alte Kompass zum Einsatz kommen. Beispielsweise bei der Arbeit mit einer klassischen Karte.

Höhenangaben

Oft wird die Frage nach der Höhe gestellt und ob GPS-Empfänger sie anzeigen können. Ja, sie können, und zwar auf verschiedene Weisen!

Viele Hersteller bieten auch GPS mit einer barometrischen Höhenberechnung an. Bei *Garmin* sind diese Geräte oft mit einem S wie Sensor in der Namensgebung gekennzeichnet. Diese Geräte ermitteln die Höhe auch aufgrund des Luftdrucks, so wie bei vielen Funktionsuhren oder etwa dem Barometer zu Hause. Der Vorteil bei diesen Geräten liegt in der Genauigkeit, da sie zwei verschiedene Verfahren zur Ermittlung der Höhe nutzen:

Zum einen den bekannten barometrischen Höhenmesser, der vom Luftdruck der Umgebung abhängig ist. Hier haben Sie allerdings auch immer die Luftdruckschwankungen der Hoch- und Tiefdruckgebiete als Fehlerquelle, da der Luftdruck bekanntlich nie konstant ist.

Zum anderen die Höhenermittlung aufgrund der Satellitensignale. Jedes GPS kann die Höhe auch errechnen. Hierfür benötigt es mindestens vier Satelliten. Die so ermittelte Höhe bezieht sich jedoch auf den Erdmittelpunkt. Da die Erde jedoch keine glatte Kugel, sondern ein Geoid ist, was Sie sich bildlich als z. B. Kartoffel vorstellen können, ist die Oberfläche nicht immer gleich weit von dem Mittelpunkt entfernt. Dies führt grundsätzlich auch zu Fehlern in der Höhenangabe. Einige Systeme können allerdings diese Fehler korrigieren, was zu recht zuverlässigen Höhenangaben führt.

Diese sind ca. 1,7 mal schlechter als die horizontale Genauigkeit, d. h. bei einer vom GPS ermittelten Genauigkeit von 5 m in der Horizontalen liegt die

Genauigkeit der Höhenangabe bei 8 m. Die Geräte, die beide Systeme zur Ermittlung der Höhe nutzen, sind das Genaueste, was Sie als Zivilanwender in die Hand bekommen können. Diese GPS-Geräte können beide Angaben vergleichen und somit einen sehr präzisen Wert liefern.

Kartenbezugssystem, Kartengitter und Nordreferenz

Weltweit gibt es über 100 verschiedene regionale Kartenbezugssysteme, die in dem GPS-Empfänger im Setup bzw. Einstellungen für die Einheiten ausgewählt werden können. Das Kartenbezugssystem, auch Kartendatum, ist auf den meisten neueren Karten bei der Legende angegeben.

Für das Geocaching wird das WGS84 (World Geodetic System von 1984) verwendet. Ebenso wichtig ist das Kartengitter. Mit diesem wird festgelegt, in welchem Format die Längen- und Breitengrade dargestellt werden. Beim Geocaching wird überwiegend das Format hddd°mm.mmm' verwendet. Beachten Sie immer die richtige Einstellung in Ihrem GPS! Bei der versehentlichen Einstellung von hddd°mm'ss.s'' kann es zu Differenzen von mehreren 100 m kommen! Beides finden Sie im Setup Ihres GPS unter den Punkten Kartendatum und Positionsformat.

Ebenfalls im Setup bei den Einheiten befindet sich das Feld Nordreferenz. Diese wird bei der Arbeit mit Karten entsprechend der Angabe in der Legende der Karte eingestellt. Beim Geocaching wird die Nordreferenz auf „wahr" oder „rechtweisend" (je nach Gerätetyp und Sprachdatei) eingestellt, ansonsten kann es auch hier zu Abweichungen kommen!

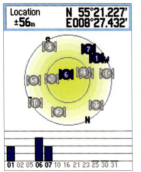

Qualität der empfangenen Signale

Wie steht es nun um die Qualität der empfangenen Signale, wo sind die Grenzen?

Grundsätzlich gilt: Sie sollten „Sichtkontakt" zu den Satelliten haben, um sie empfangen zu können. Berge und hohe Häuser schatten die Signale komplett ab. Auch ein dichter Baumbestand verschlechtert den Empfang erheblich, bis hin zur kompletten Abschattung.

Projizieren

Das Projizieren eines Wegepunktes gehört auch zu den Grundfähigkeiten, die Sie beherrschen sollten. In den einfachsten Fällen können Sie das schon am heimischen PC erledigen. Beispielsweise ist im Listing die Position A als Ausgangspunkt angegeben. Von diesem ist das Versteck des Caches in einer Entfernung von 300 m in der Richtung 250° zu finden. Hier benutzen Sie einfach das Messtool, mit dem die meisten Kartenprogramme ausgestattet sind, und bewegen den Cursor dann in die entsprechende Richtung, bis die Anzeige (meist am unteren Rand des Fensters) des Programms die Werte bestätigt. Nun setzen  Sie den entsprechenden Wegepunkt oder speichern die Koordinaten in Ihrem GPS.

Soweit der einfache Fall, was aber tun, wenn Sie eine Projektion vor Ort mit Ihrem GPS durchführen müssen? Leider ist nicht jedes GPS/App mit dieser Funktion ausgestattet! In diesem Falle gehen Sie in die entsprechende Richtung, z. B. 270°, also Westen und lassen das GPS die Entfernung zu dem Punkt messen, von dem die Messung ausgehen soll. Bei den Geräten von *Garmin* gehört das Projizieren zum Standard. Dies ist dann wesentlich komfortabler, da das Abschätzen von „krummen" Gradzahlen entfällt.

Wie gehen Sie nun vor? Gehen Sie einfach in dem Menü für Wegpunkte zu dem Wegpunkt, den Sie gerade angelaufen haben, und wählen diesen nochmals aus. Hier finden Sie dann ein Untermenü mit der Bezeichnung „Projekt" oder „Wegpunkt-Projektion", welches Sie auswählen. Sie können dann die gewünschte Gradzahl und Entfernung eingeben. Mit „OK" schließen Sie die Projektion ab und können nun den neuen Wegepunkt anlaufen (☞ weitere Screenshots Seite 100).

Unter 🖳 www.hentsch.de/gc/ finden Sie das *Excel-Tool* und das *GCMT* für Windows und

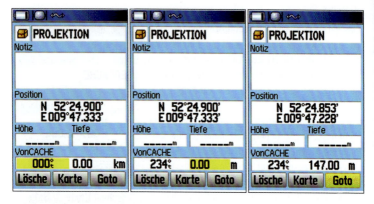

WindowsCE, mit dem Sie ebenfalls eine Projektion vornehmen können. Sie geben einfach die Koordinaten des Standpunktes ein, dann die Entfernung und Gradzahl, und die Programme errechnen die neuen Koordinaten, die Sie dann in Ihr GPS eingeben können.

Online-Tools zur Wegpunktprojektion finden Sie auch auf 🖳 www.team-hildesheim.de oder unter 🖳 www.flopp-caching.de unter „Marker".

Suchen eines Geocaches

Ist die richtige Ausrüstung erst mal zusammengestellt, kann der Rucksack geschnürt werden und los geht es zum Cachen.

Im Vorfelde sollten Sie aber immer einige Punkte berücksichtigen.

Grundsätzliches für die Suche

Lesen Sie das Listing des Caches vorher, dann wissen Sie, wonach Sie suchen, vor allem die zu erwartende Größe und den Typ des Caches.

Ebenso gilt es auf die Schwierigkeitsgrade zu achten(!) und darauf, ob der zu suchende Cache schon Favoritenpunkte bekommen hat. Die Logs der Vorfinder zu lesen ist auch immer hilfreich, um zu erfahren, wie gut oder schlecht der Cache empfunden wurde. Als Faustformel gilt: je kürzer die Logs ausfallen, desto unspektakulärer, und umgekehrt.

▷ Denken Sie an die richtige Ausrüstung.
▷ Achten Sie auf einen **schonenden Umgang** mit der **Tier- und Pflanzenwelt, nutzen Sie** z. B. so lange wie möglich **vorhandene Wege**.
▷ Gehen Sie entsprechend vorsichtig vor, wenn der Cache oder die Zwischenstationen vermeintlich auf privatem Grunde liegen.

Leider gibt es auch viele Cacher, die meinen, jeden Geocache mit dem Auto anfahren zu müssen. Ja, sogar eigene Basteleien von Schildern und Ausweisen wurden mitunter unternommen, um hierfür legitimiert zu wirken – wer dabei erwischt wird, kann schnell zur Kasse gebeten werden! Auch hat es schon Fälle von Fahrverboten und Punkten in Flensburg gegeben.

Also bitte, im Interesse aller Geocacher gilt: Ein Cache, der vom Owner in einem Gebiet zum Wandern versteckt und so ausgeschrieben wurde, sollte auch so angegangen werden und nicht irgendwie anders!

Micro als Stein getarnt

Was kann alles auf Sie zukommen?

Bei **traditionellen Caches** ist das verhältnismäßig einfach. Hier sind Ihnen die Koordinaten bekannt. Ebenso die Größe, Sie wissen also, ob Sie eine Filmdose oder Munitionskiste suchen.

▷ Neben den klassischen Verstecken wie Baumwurzeln oder Baumstümpfen gibt es ausgefallene Verstecke. Wie das kleine oder große Stück Totholz, das so aufgebohrt wurde, dass der Cachebehälter dort exakt hineinpasst. Oder das alte Gemäuer, wo Sie einen Stein aus der Wand entfernen müssen, um an den Geocache zu gelangen.
▷ Auch künstliche Tannenzapfen, Steine oder Gegenstände des „täglichen Gebrauchs" wie Verteilerdosen oder Lampen sind schon vorgekommen. Letztere besonders im urbanen Bereich.

▷ Einige zumeist größere Caches sind so tief in den Boden eingegraben, dass lediglich der Deckel zum Öffnen des Behälters herausschaut.

Manch ein Owner hat sich die Mühe gemacht eine kleine Grube auszuheben, deren Seiten er mit Ziegelsteinen oder Brettern verkleidet hat. So kann kein Erdreich mehr in die Grube fallen. Hier wird der eigentliche Cachebehälter platziert. Die Grube wird dann wiederum mit Ziegelsteinen, Platten oder Brettern abgedeckt, worüber dann eine Schicht Erde oder Grassoden gelegt wird. Der Cache ist somit nicht direkt vergraben, aber dennoch sehr schwer ausfindig zu machen. Besonders wenn das Versteck selten besucht wird. Sie können also buchstäblich auf dem Cache stehen, ohne ihn zu finden! Hier kommen dann Wanderstock und Hering zum Einsatz.

Künstlicher Tannenzapfen (Micro)

Auf **einigen Plattformen** gilt diese beschriebene Art des Verstecks mittlerweile als „**vergraben**" und ist nur unter besonderen Vorgaben **erlaubt**!

Bei **Multi-Caches** ist das schon anders. Sie wissen nicht immer, mit wie vielen Stationen Sie es zu tun haben. Auch wissen Sie meistens nicht, wie die Hinweise gestaltet sind.

▷ Die einfachste Variante sind Zwischenstationen, die bestehende Landschaftsmarken nutzen. Dies können Hausnummern, Jahreszahlen an Gebäuden oder Denkmäler sein. Beliebt sind auch Gegenstände wie Pfosten oder Bäume, die Sie zählen sollen. Immer wieder sind auch Gegenstände zu identifizieren oder Farben zu finden, die Sie dann in Zahlen umrechnen müssen, wie unter ☞ Ver-/Entschlüsselungen vorgestellt.

Diese Art von Zwischenstationen erkennen Sie oft schon aus dem Listing, da dort dann die Hinweise gegeben werden, wie an den Zwischenstationen verfahren werden soll.

- Eine ebenfalls recht einfache Art von Hinweisen sind die, die in Dosen untergebracht sind. Meist werden hierfür PET-Rohlinge verwendet. Normalerweise werden aus ihnen Kunststoffflaschen hergestellt. Die Rohlinge sehen aus wie Reagenzgläser, allerdings mit einem Schraubverschluss. Sie sind wasserdicht und eignen sich dadurch besonders für Orte, an denen mit ungünstigen Umweltbedingungen zu rechnen ist. Richtig im Boden platziert bringen sie die Tarnung als Zivilisationsmüll mit.
  In jeder Dose finden Sie eine Notiz wie und wo es weitergeht. Allerdings will die jeweilige Dose natürlich gefunden werden, was durchaus einen längeren Zeitaufwand bedeuten kann.
- Die Hinweise können natürlich auch verschlüsselt sein. Auch bietet sich hier der UV-Stift an, mit dem zusätzliche Hinweise gegeben werden, die nur derjenige erhält, der ein UV-Licht dabei hat und zum Einsatz bringt.
- Dann gibt es die geschriebenen Hinweise, die mit Edding irgendwo vermerkt sind. Das kann auf bzw. unter Steinen, Baumstämmen, Pfählen aber auch Rückseiten irgendwelcher Schilder etc. sein. In manchen Fällen müssen Sie sogar ein Schild zur Seite drehen, um an einen darunter vermerkten Hinweis zu kommen. Es lohnt sich also, ein wachsames Auge zu haben und auch Gegenstände des täglichen Lebens auf Vollständigkeit z. B. von Schrauben zu überprüfen!
- Auch einlaminierte Hinweise können gut hinter Schilder geschoben werden. Hier gilt es auf hervorstehende Kanten, Angelsehnen und ungleichmäßige Abschlüsse zu achten.
- Eine weitere beliebte Methode, Hinweise zu verstecken, ist die Magnetfolie. Sie kann perfekt auf das Objekt, an dem sie platziert werden soll, zugeschnitten werden. Dadurch ist sie so gut wie unsichtbar.
- Mit *Dymoband* geprägte Hinweise sind auch öfters anzutreffen. Vorteil ist die große Witterungsbeständigkeit und die Möglichkeit, das Band recht unauffällig beispielsweise als Schlingpflanze zu platzieren.
- Schlagzahlen sind eher selten, aber oft schwierig zu finden! Der eine oder andere mag sich dunkel daran erinnern, dass die Erkennungsmarken beim Bund mit Schlagzahlen von Hand geprägt werden.
  Schlagzahlen gibt es in den unterschiedlichsten Größen und sie können auf den verschiedensten Materialien eingesetzt werden.

Small in der Spalte eines alten Baumstammes

Besonders gemein ist die Verwendung auf Holz, wie alten Bahnschwellen. Vorzugsweise werden sie jedoch auf kleinen Metallplättchen eingeprägt. Diese können dann wieder überall versteckt werden, z. B. irgendwo untergeschoben oder befestigt auf Rückseiten von Steinen, Totholz o. Ä. Auch Unterlegscheiben wurden schon mit Schlagzahlen versehen. Diese können dann unter existenten Schrauben des Alltages angebracht werden. Diese fallen den meisten Menschen nicht auf und sind so vor dem zufälligen oder absichtlichen Entfernen recht sicher.

▷ Eine weitere Methode, die immer mehr Zuspruch findet, ist die der Verschlüsselung mit Bar-, Sema- und QR-Codes (Quick Response).
Ein Aufkleber mit einem Barcode oder einem komplexeren 2D-Code, wie er z. B. von den Versanddiensten verwendet wird, fällt im Alltag noch weniger auf als eine Notiz mit Edding. Wer weiß schon, dass das Etikett mit dem Strichcode auf der Rückseite des Straßenschildes nicht vom Hersteller stammt? (☞ Quick-Links und natürlich *Play Store* und *iTunes* halten ein breites Angebot an QR-Code-Readern für das jeweilige Betriebssystem bereit.)

▷ Eine weitere schöne Variante ist der Einsatz eines Weckers. In dem Cache selbst oder in der entsprechenden Startposition wird ein Wecker versteckt, der um eine bestimmte Zeit klingelt. Jetzt müssen Sie nach Gehör suchen und den Wecker samt Cache finden, bevor er wieder verstummt. Besonders gemein ist das in einem unübersichtlichen Gelände gepaart mit einer kurzen Alarmdauer.
Derartige Geocaches können Sie anhand des Listings und teilweise auch schon am Namen identifizieren. In der Beschreibung wird mehr oder weniger deutlich darauf hingewiesen, dass Sie zu einem bestimmten Zeitpunkt vor Ort sein müssen.

☞ Weitere besondere Arten von Hinweisen finden Sie beim Thema Nachtcaching.

Vorbereitungen

Im Vorfeld sollten Sie sich Gedanken machen, wie Sie den Geocache aufsuchen möchten. Je nach Vorlieben suchen Sie sich einen Cache aus, den Sie dann zu Fuß, per Fahrrad, Auto oder mit öffentlichen Verkehrsmitteln erreichen können. Auch sollte Ihr erster Cache einfach zu finden sein!

Ersehen können Sie das am Rating des Caches im Internet, wichtig dabei: Sowohl die Schwierigkeit als auch das Gelände sollten entsprechend geratet sein! Dann drucken Sie sich die Beschreibung des ausgewählten Caches aus. Oft sind im Text Hinweise gegeben, die daheim gern überlesen werden oder erst vor Ort einen Sinn ergeben.

Diese Bank hat einen dritten Pfosten

Auch kann es schon im Vorfeld notwendig sein, gewisse Ausrüstungsgegenstände einzupacken oder Recherchen zu betreiben. Also lesen Sie die Beschreibung sorgfältig durch, bevor Sie sich auf die Jagd begeben!

Die Koordinaten geben Sie in Ihr GPS/App ein. Wichtig ist dann, nochmals die Koordinaten auf einer Karte anzuschauen und mit der Cachebeschreibung abzugleichen.

Es kommt immer wieder vor, dass sich bei der Eingabe ein Fehler einschleicht und Sie u. U. einige Meter oder auch Kilometer neben Ihrem eigentlichen Ziel liegen. Es hat schon Fälle gegeben, wo Cacher im dreistelligen km-Bereich neben ihrem geplanten Zielgebiet lagen!

Schauen Sie sich nun die Karte und das Zielgebiet genau an. Hier können Sie sehen, wo Sie parken können, einen Weg zum Cache aussuchen und abschätzen, ob es irgendwelche Hindernisse gibt, die überwunden werden wollen. Ist dies zu Ihrer Zufriedenheit geklärt geht es endlich los!

Die eigentliche Suche

Wählen Sie nun die zuvor gespeicherten Koordinaten in Ihrem GPS aus und bestätigen Sie diese mit der „Goto"-Funktion. Nun folgen Sie der Weisung des GPS, dies können Sie über die Navigationsseite oder die Kartenseite machen. Auf der Navigationsseite sehen Sie die Himmelsrichtung, in die Sie sich bewegen, einen Pfeil, der auf Ihr Ziel, den Cache zeigt, und die Entfernung zum Cache. Auf der Kartenseite sehen Sie Ihre aktuelle Position, meist als Pfeil dargestellt, und den Cache.

Wenn Sie ein kartenfähiges GPS besitzen und die entsprechende Detailkarte hinterlegt haben, erhalten Sie noch viele weitere Informationen. Sie sehen, in welcher Art von Gelände Sie sich befinden, die Straßen und Wege, Bäche, etc. Hier können Sie auch sehr gut vor Ort noch abschätzen, was für Hindernisse sich Ihnen in den Weg stellen könnten. Wenn Sie kein kartenfähiges GPS besitzen, können Sie diese Informationen auch aus einer klassischen Karte beziehen.

Nutzen Sie bei der Suche nach Caches immer möglichst lange vorhandene Wege. Das schont die Natur und spart Ihnen Zeit. Sie kommen auf Pfaden und Wegen auch mit Umwegen deutlich schneller voran, als wenn Sie sich durch das Unterholz schlagen. Gerade bei Wald- und Wiesencaches gilt, der kürzeste Weg ist zwar eine Gerade, aber das ist nicht immer der schnellste!

Spätestens in der Nähe des Caches schalten Sie wieder in die Navigationsseite, um die Entfernung abzulesen.

Hier gilt zu berücksichtigen, dass es immer eine gewisse Ungenauigkeit in der Angabe gibt. Sowohl für den Augenblick, aber auch für den Zeitpunkt, als die Koordinaten für den Cache ermittelt wurden. Für den Augenblick sollten Sie noch die Angabe der Genauigkeit auf der Satellitenseite in Betracht ziehen.

Jetzt heißt es das Gelände inspizieren, schauen Sie sich nach den Möglichkeiten um, wo der Cache versteckt sein könnte, bevor Sie lossuchen!

Die meisten Verstecke sind recht eindeutig, im Wald werden gerne Baumwurzeln, alte tote Baumstämme oder Astgabeln und Astlöcher genutzt. Selten liegt ein Cache einfach offen in der Landschaft.

Hier kommt der Erdnagel zum Einsatz, mit dem Sie dann vorsichtig stochern können, um zu hören, ob Sie auf einen Cachebehälter stoßen oder nicht. Leider stehen viele Cacher in dem Rufe „Grobmotoriker" zu sein, daher bitte vorsichtig zu Werke gehen!

Wenn Sie nicht fündig werden

Wenn Sie einen Cache nicht finden können, gehen Sie wie folgt vor:
- ▷ Überprüfen Sie zuerst die Richtigkeit der im GPS gespeicherten Koordinaten.
- ▷ Überprüfen Sie ebenfalls das Positionsformat. Gern werden die Einstellungen hddd°mm.mmm' Grad, Minute, Dezimal-Minute und hddd°mm'ss.s'' Grad, Minute, Sekunde verwechselt.
- ▷ Kontrollieren Sie, ob das Kartendatum bzw. -bezugssystem auf WGS84 und die Nordreferenz auf „wahr" bzw. „rechtweisend" eingestellt sind.
- ▷ Überprüfen Sie, ob Ihr GPS Empfang hat und wie die Qualität des Signals ist. Ist die Angabe der Genauigkeit auf der Satellitenseite größer als 10 m, sollten Sie einen größeren Suchradius in Betracht ziehen.
- ▷ Schauen Sie, ob WAAS/EGNOS eingeschaltet ist und ob der Korrektursatellit überhaupt empfangen werden kann!
- ▷ Bei einem GPS mit integriertem und aktiviertem elektronischem Kompass achten Sie darauf, dass dieser auch kalibriert ist. Ansonsten kann es zu Fehlverhalten wie bei ☞ Richtungsangaben beschrieben kommen!
- ▷ Kontrollieren Sie die Aktualität Ihres Ausdruckes der Cachebeschreibung. Nicht selten, besonders im Urlaub, kommt es vor, dass die ausgedruckte Cachebeschreibung überholt ist. Der Cache wurde vielleicht geplündert oder verlegt. Eine kurze Kontrolle des Listings im Internet via Handy kann hier Gewissheit schaffen.
- ▷ Laufen Sie das Versteck erneut aus unterschiedlichen Richtungen an. Dies ist besonders effektiv, wenn Sie in einer Gruppe mit mehreren GPS-Empfängern unterwegs sind. Es ist erstaunlich, wie unterschiedlich die Ergebnisse sein können!
- ▷ Überlegen Sie sich nochmals, wo Sie einen Cache verstecken würden und schauen Sie dort nach.

Es bringt in den wenigsten Fällen etwas, wenn Sie den Wald am Cache umgraben! Der Geocache kann auch einfach weg sein, kontaktieren Sie dann den Owner oder tragen ein entsprechendes Log im Internet ein.

Wenn Sie die ersten Caches gefunden haben, werden Sie feststellen, dass jeder Owner so seine Eigenarten und Vorlieben hat, wie er seine Caches versteckt. Es gibt Geocacher, die sich sehr viel Mühe mit dem Verstecken ihrer Caches machen. Und es gibt Owner, bei denen die sportliche Ambition oder der Nervenkitzel an oberster Stelle steht. Sie werden sehr schnell herausfinden, welche Caches Sie mögen und von welchen Sie vielleicht besser die Finger lassen!

Cache versteckt an einer Schutzhütte

Auch werden Sie feststellen, dass in den verschiedenen Regionen oft sehr „unterschiedlich" versteckt wird. Es gibt Regionen, wo Sie einen Cache in der Größe einer Munitionskiste unter einem Haufen Steine oder Gehölz vorfinden. Diesen können Sie manchmal schon aus einer Entfernung von mehreren hundert Metern sehen.

Und andersherum gibt es Regionen, wo sich die einzelnen Cacher in der Wahl ihrer Verstecke förmlich übertrumpfen wollen. Hier wird es vorkommen, dass Sie buchstäblich auf dem Cache stehen und ihn trotzdem nicht finden können, da er so hervorragend getarnt ist.

Auch beim Suchen von Geocaches macht die Übung den Meister!

☞ Weitere Verstecke unter Tarnen und Versteckmöglichkeiten

Geocaching in der Gruppe

Viele Geocacher treffen sich, um in kleinen oder größeren Gruppen zu cachen. Die Cacher Ihrer Umgebung können Sie beispielsweise oft auf Geocaching-Events kennenlernen. Eine weitere Möglichkeit bietet GC unter „Friends". Im linken Menü der Seite finden Sie den Punkt „Find another Player". Mit diesem Tool können Sie einen anderen Geocacher finden und kontaktieren, um sich mit ihm zu verabreden. Das Cachen in einer Gruppe wird im Slang gerne als Rudelcachen bezeichnet. Häufig kommt es im Anschluss an Events vor. Berücksichtigen Sie bitte, dass das Mehr an Köpfen nicht immer ein schnelleres Finden und effizienteres Agieren bedeutet – es kommt hier auch oft zu einer „kollektiven Blindheit" …

Geocaching-Events

In vielen Regionen finden regelmäßige Treffen von Geocachern statt. Eine erste Übersicht der aktivsten Regionen finden Sie im *grünen Forum*. Events selbst suchen Sie am besten über die Suchfunktion auf der jeweiligen Plattform

Im wöchentlichen Newsletter von GC werden aktuelle Events aufgelistet. Diese Events sind lockere Zusammenkünfte von Gleichgesinnten. Meist finden sie in Kneipen oder Lokalen statt. Teilweise werden sie auch unter ein bestimmtes Motto gestellt.

Deutsche Geocaching Meisterschaft

Die Stadtmeisterschaft wurde 2004 von einer Gruppe Berliner Geocacher ins Leben gerufen. Seit 2013 wird sie Deutsche GC Meisterschaft genannt:

1. Stadtmeisterschaft, 27.03.2004, GCH1DZ in Berlin
2. Stadtmeisterschaft, 07.05.2005, GCM3G6 in Berlin
3. Stadtmeisterschaft, 10.06.2006, GCRKPV in Almke
4. Stadtmeisterschaft, 23.06.2007, GC1043B in Darmstadt
5. Stadtmeisterschaft, 21.06.2008, GC15JVM am Deister bei Hannover
6. Stadtmeisterschaft, 20.06.2009, GC1M5FB im Teutoburger Wald in OWL
7. Stadtmeisterschaft, 26.06.2010, GC21PJ5 in Wiesbaden
8. Stadtmeisterschaft, 12.06.2011, GC2PTXN im Teutoburger Wald in OWL
9. Stadtmeisterschaft, 09.06.2012, GC3A24V auf dem Bückeberg im Schaumburger Land
10. Deutsche GC Meisterschaft, 31.05.2013, GC47G8V bzw. GC47GC9 auf dem Wohldenberg bei Hildesheim
11. Deutsche GC Meisterschaft, 23.08.2014, GC54Q1W im Landschaftspark Duisburg-Nord
12. Deutsche GC Meisterschaft, 20.06.2015, GC5PJN1 in Hildesheim
13. Deutsche GC Meisterschaft, 28.05.2016, GC63CGT in Hannover
14. Deutsche GC Meisterschaft, 10.06.2017, GC6ZQTD in Lüneburg
15. Deutsche GC Meisterschaft, 02.06.2018, GC7NAY0 in Dalbke bei Bielefeld
16. Deutsche GC Meisterschaft, 2019 in Düsseldorf

 www.gc-meisterschaft.de – alle aktuellen Infos zur jeweiligen Meisterschaft

Sie findet einmal im Jahr, vorzugsweise im Sommer, statt. Hier treffen sich Geocacher aus ganz Deutschland, um sich im Cachen zu messen. Gecacht wird in einer Gruppe. Die Sieger erhalten einen Pokal, den Travel Bug TBCB22 … und sie bekommen die Aufgabe, die nächste Meisterschaft auszurichten.

Serien

Einige Cacher legen ganze Serien von Caches. Über den Sinn von Serien wird kontrovers diskutiert, was für einige einen besonderen Reiz birgt, mag der andere gar nicht.

Auch hier gibt es erhebliche Unterschiede in der Aufbereitung. Es gibt Serien mit besonders frechen Verstecken, die sich jedoch oft keiner langen Lebensdauer erfreuen. Trotz der vielen Diskussionen werden sie von vielen Cachern gerne besucht, und sei es auch nur um als Statistikpunkte gesammelt zu werden. Es gibt auch „anspruchsvolle" Serien zu den unterschiedlichsten Themen, wie die *Häuser der Helfer* oder *Gotteshäuser*. Letztere Caches sind in der Nähe von Kirchen versteckt, sodass sich entsprechende Kirchgänger nicht an den suchenden Geocachern stören können. Im Listing dieser Caches sind geschichtliche Daten und Wissenswertes zu den Kirchen vermerkt – diese Caches haben also noch zusätzlich einen gewissen Lehrwert.

Das Wandern ist wieder in. So ist es kaum verwunderlich, dass auch hier einige wandernde Cacher tätig waren und Serien an populären Wanderwegen gelegt haben. Die Dichte rangiert hier von einigen wenigen Caches bis zu Abständen von nur wenigen hundert Metern. Neben dem Genuss eines besonderen reizvollen Weges bzw. Landschaft ist nun auch für Abwechslung mittels Geocachings gesorgt.

Adventskalender

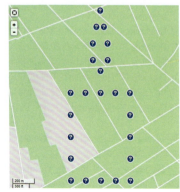

In vielen Regionen werden im Dezember Weihnachtsrunden gelegt, zumeist als ☞ GeoArt in Form von weihnachtlichen Symbolen. Mit etwas Abstimmung mit dem örtlichen Reviewer werden diese (überwiegend Rätsel-)Caches passend zum jeweiligen Tag online gestellt.

Auch Event-Serien werden gerne in der Weihnachtszeit aufgelegt. Eine besondere Variante, die aus einer Advents-Event-Serie geboren wurde, ist der *JahresGeoEventsKalender2018*, für den jeden Tag im Jahr 2018 ein Event in Niedersachsen stattfand.

GeoArt

Hierunter verstehen sich Serien, die aus einer Vielzahl Mystery-Caches bestehen, mit denen vielerlei Bilder auf die Landkarte gezeichnet werden. Der Kreativität und Fantasie sind hier keine Grenzen gesetzt!

Eines der bekannteren Beispiele dürfte die Windrose in Dänemark names „GTV – The Compass" – wie hier abgebildet – sein.

GeoTours

Eine besondere Variante sind die von *Groundspeak Inc.* in 2012 mit *Columbus, Georgia, Riverwalk GeoTour* eingeführten *GeoTours*. Diese Cache-Serien bieten entgegen den üblichen Regeln wie sie für alle anderen Caches gelten, den Auftraggebern wie Nationalparks, Touristikern und Firmen die Möglichkeit entsprechende Werbung mit Logo, Links, eine besondere Landingpage und eigenem ☞ Souvenir in den Listings zu schalten. Natürlich muss der Auftraggeber ein gewisses Budget für diese Tour bereit halten.

Für den Geocacher bedeutet die *GeoTours* besonders hochwertige Caches in interessanten Gegenden!

So gingen 2013 die ersten *GeoTours* in Deutschland mit den *Geoheimnisse der Region Hannover GeoTour* und *Schatzhüterin GeoTour* in und um Hannover und 2015 *Paderborner Land GeoTour* an den Start.

Themencaches

Eine weitere Variante sind Caches, die durch ein beliebiges Thema miteinander verbunden sind, welches oft durch die Namensgebung und eine Nummerierung ersichtlich wird. In diesen finden Sie Koordinaten oder verschlüsselte Hinweise, die richtig zusammengefügt werden wollen. Erst wenn Sie alle Hinweise zu dieser Reihe von Caches gesammelt haben, können Sie den letzten Cache dieser Serie, gern auch als Bonus- oder Final-Cache bezeichnet, lösen.

Autobahncaches

Ein anders geartetes Beispiel sind die verschiedenen Serien entlang von Autobahnen. Diese Caches sind mitunter in Leitplanken versteckt und werden von vielen nur als Statistikpunkte gesehen. Andere Autobahncaches sind wiederum mit verschiedensten Geduldsspielen oder Aufgaben ausgestattet. Diese sind besonders für Familien interessant, die längere Strecken in den Urlaub zu bewältigen haben. Ein kurzer Stopp an der Strecke ist immer eine willkommene Abwechslung, besonders wenn Kinder mit an Bord sind.

Eine Schraube zu viel

Powertrails

Darunter werden Serien verstanden, bei denen es darum geht, möglichst viele Caches in möglichst kurzer Zeit zu finden. Man startet z. B. morgens an einer Fluss- oder Straßenseite, findet 100 Caches, wechselt mittags auf die andere Seite und erradelt die nächsten 100 Caches. Diese Trails rufen wie eingangs erwähnt ein sehr geteiltes Echo in Bezug auf Sinnhaftigkeit und Qualität versus Statistik hervor.

Nachtcaches

Nachtcaching oder Nightcaching übt auf die meisten Cacher einen ganz besonderen Reiz aus. Erinnern Sie sich noch an Ihre erste Nachtwanderung zu Kinderzeiten – kaum anders ist es mit dem Nachtcachen, nur dass die Aufgaben schwieriger sind und Sie ein besseres Equipment am Mann haben.

Nachts kommt alles zur Ruhe. In der Natur ziehen sich die meisten Tiere zurück, das Gezwitscher und Gesumme verstummt und plötzlich tragen die selbst verursachten Geräusche weiter als am Tage – eine ganz besondere Atmosphäre entsteht.

In der Stadt haben die meisten Menschen ihre Arbeit beendet und so sind oftmals stark frequentierte Plätze jetzt menschenleer.

Nachtcaches sind meistens deutlich aufwendiger gestaltet als normale Caches, oft sind sie als Multi mit mehreren Stationen ausgelegt.

Der höhere Aufwand, den der Owner treiben muss, wird in den meisten Fällen mit einem Caching-Erlebnis besonderer Art belohnt.

Grundsätzlich gilt beim Nachtcachen in bewohnten Gebieten: Nicht unnötig lange mit der Taschenlampe umherfunzeln. Es ist schon vorgekommen, dass sich Geocacher einer Befragung durch die Ordnungshüter stellen mussten …

In **ländlichen Gebieten** ist natürlich auch mit **Jagdbetrieb** zu rechnen. Aufgrund des unterschiedlichen Wildbestandes und der damit verbundenen Jagd- und Schonzeiten kann man nicht pauschal sagen, wann wo gejagt wird oder wann nicht. Hier gilt es, sich vorher zu informieren, um unnötige Konfrontationen und Gefahren zu vermeiden!

Besuch beim Nachtcachen

Hilfreich ist die Funktion „Jagd und Angeln", die es in manchen GPS-Geräten gibt, wie auch ein Besuch auf 🖳 www.schonzeiten.de. Ebenso das Wissen, dass üblicherweise ca. 1,5 Std. vor und nach Sonnenauf- und -untergang sowie bei guter Nachtsicht gejagt wird. Letzteres ist ca. 4 Tage vor und nach Vollmond, aber auch bei bewölktem Himmel, wenn das Licht der Zivilisation von den Wolken reflektiert wird, der Fall. Ein weiterer Indikator sind der Wind bzw. Windstille, bei der das Wild die Witterung besser aufnehmen kann. Auch gibt es sogenannte Lichtkalender, die es Jägern einfacher machen, die Zeiten, in denen es tendenziell besseres Licht zum Jagen gibt, abzuschätzen (Stichwort: *Tischoffscher Mondhelligkeitskalender* zu finden im Service bei 🖳 www.wildundhund.de). Sie sollten sich also vor dem Besuch ländlicher Nachtcaches etwas kundig machen und diese ggf. meiden, um sie und sich nicht unnötig zu gefährden!

Auch wenn sich Ihre Augen an die Dunkelheit gewöhnt haben und Sie auf dem Weg zu einer weiteren Station sind, sollten Sie eine angeschaltete Stirnlampe tragen. Sie sind so für Jäger kenntlich und können nicht irrtümlicherweise mit Wild verwechselt werden. Das mag vielleicht etwas lächerlich klingen und unromantisch sein, aber Jagdunfälle sind für alle Beteiligten sehr unschön!

Natürlich kann es vorkommen, dass Sie direkt von Jägern angesprochen werden. Ihnen gegenüber sind Jäger jedoch nicht weisungsbefugt, es sei denn Sie befinden sich auf privatem Gelände. Dennoch sollten Sie der Bitte des Jägers nachkommen, um nicht sich selbst oder den Cache zu gefährden.

Wenn Sie dann einen Reflektor oder ein Licht einer Zwischenstation gefunden haben, müssen Sie nicht unbedingt auch den nächsten Hinweis in den Händen halten! Zwar sind die Hinweise meist in unmittelbarer Nähe zu dem Reflektor etc. platziert, aber halt nicht immer. Im Listing des Caches wird üblicherweise vermerkt, in welchem Umkreis zu dem Reflektor der eigentliche Hinweis versteckt ist. Eine Formulierung, die Sie nie unterschätzen sollten, lautet: „Der Hinweis ist an dem Objekt, an dem auch der Reflektor ist". An einem Baum können das dann auch Äste sein, was durchaus in eine längere Suche an der Station ausarten kann.

Reflektoren

Am häufigsten werden Sie beim Nachtcachen Reflektoren antreffen. Besonders in urbanen Gebieten können ganze Verkehrsschilder oder Straßenpfosten in einen Nachtcache mit einbezogen werden. Manchmal werden auch Schilder mit einem besonders kleinen Reflektor markiert, also mit einem Reflektor im Reflektor. Kleinere Reflektoren werden gern aus Warnwesten herausgelocht. Grundsätzlich gilt für den Umgang mit Reflektoren: Sie wollen richtig angeleuchtet werden. Hierzu gilt es, die Funktionsweise eines Reflektors zu betrachten.

Feuernadeln

Ein Reflektor bündelt das Licht, das auf ihn trifft, und wirft es in die Richtung zurück, aus der es kommt. Dies bedeutet, je näher Sie die Lampe ans Gesicht halten, umso besser erreicht Sie das reflektierte Licht. Wenn Ihre Lampe einen Blinkmodus besitzt, nutzen Sie diesen. Ein „blinkender" Reflektor ist auffälliger, als ein „normal" reflektierender.

Rechnen Sie bei feuchter Witterung mit einer verschlechterten Leistung von Reflektoren, dies gilt besonders bei kleinen Varianten aus Folien. Bei Regen, Nebel und Taufall bilden sich auf den Reflektoren Wassertröpfchen, wodurch das auftreffende Licht nicht mehr in dem vorbestimmten Winkeln zurückgeworfen wird. Ebenso verhält es sich auch mit Reflektoren, wenn sie mit Raureif bedeckt oder vereist sind. Reflektoren aus Kunststoff, die sich einer langen Lebensdauer erfreuen, finden Sie im Fahrrad- und Motorradhandel. Eine besondere Alternative sind die tetraederförmigen *Feuernadeln*, die sehr gut reflektieren. Aufgrund ihrer Form, Farbe und Größe sind sie tagsüber praktisch unsichtbar. Mit ihrem Dorn können Sie die Feuernadeln einfach an Bäumen platzieren.

Elektronische Schaltungen

Bei Nachtcaches können Sie auf eine Vielzahl elektronischer Spielereien treffen, die auf verschiedene Weise reagieren. Sie sind meistens wasserfest bzw. so angebracht, dass ihnen eine feuchte Witterung nicht schadet. Allen gemein ist die Absicht, die Caches tagsicher zu machen.

Eine Schaltung mit einer blinkenden roten LED kann so platziert werden, dass jemand, der zufällig an ihr vorbeigeht, sie für ein Positionslicht eines nahen Windkraftrades hält. Elektronische Schaltungen müssen nicht zwingend mit einem Licht auf sich aufmerksam machen. Es gibt auch Stationen, die dann eine in diesem Gebiet nicht anzutreffende Tierstimme nachahmen. Also, auch hier mal um die Ecke denken!

Wenn Ihnen die eine oder andere Variante einer elektronischen Schaltung so gut gefällt, dass Sie diese in einen eigenen Cache integrieren möchten, kontaktieren Sie bitte den Owner des Caches, bevor Sie die Schaltung direkt am Cache genauer unter die Lupe nehmen. Der Owner wird Ihnen sicher weiterführende Informationen zu der Schaltung geben.

Leider passiert es immer wieder, dass Cacher Schaltungen in Caches gut finden und diese nachahmen möchten. Oft werden die Schaltungen dann von ihrem Platze entfernt, um ihre Funktionsweise vor Ort studieren zu können. Hinterher werden sie nicht mehr an ihrem ursprünglichen Platz installiert oder so angebracht, dass sie ihre zugedachte Aufgabe nur noch unzureichend oder gar nicht ausführen können. Der Owner wird dann vom nächsten Cacher auf fehlerhafte Funktionsweise der Schaltung aufmerksam gemacht und muss zur Cachekontrolle anreisen. Dies ist dann für denjenigen, der den Cache lösen möchte, genauso wie für den Owner mit einem zusätzlichen Zeitaufwand und oft auch Kosten verbunden, die nicht sein müssen. Nicht selten wurden aufgrund des geschilderten Verhaltens toll umgesetzte Nachtcaches mit technisch aufwendiger Gestaltung nach kurzer Zeit archiviert, und das ist für alle unschön!

Eine Auswahl von Ideen finden Sie unter 🖳 www.cachestation.de von denen Sie einige unter 🖳 www.voicemodul.de bestellen können!

Reaktive Lichter

Unter reaktiven Lichtern verstehen sich elektronische Schaltungen, die auf plötzliche Veränderungen der Lichtverhältnisse reagieren.

Beispielsweise beginnen LEDs für kurze Zeit zu blinken, nachdem das helle Licht einer Lampe auf sie gefallen ist. Reaktive Schaltungen finden Sie z. B. unter 🖳 www.novacache.de.

Dämmerungsschalter

Sind ebenfalls elektronische Schaltungen, die mit einem lichtempfindlichen Sensor ausgestattet sind. Sie sind meist so eingestellt, dass sie sich erst in der Dämmerung einschalten, dadurch machen sie tagsüber nicht auf sich aufmerksam und sparen Strom.

Bewegungsmelder

Bekannt aus Baumärkten und dem Elektronik-Fachhandel dienen sie zur Sicherung vor Einbrüchen. Auch sie können für Caches zweckentfremdet werden. Eine Kombination mit Lichtern und Geräuschen ist hier natürlich möglich.

Infrarot

Auch infrarote Markierungen oder elektronische Schaltungen, die anstelle einer normalen LED mit einer IR-Diode ausgestattet sind, eignen sich gut, einen Cache zu gestalten.

Bei diesen Caches ist dann ein Nachtsichtgerät oder eine digitale Kamera erforderlich, da für deren Sensoren auch das infrarote Licht sichtbar ist.

Laser

Eine besonders schöne Variante ist die eines Lasers, der auf ein infrarotes Signal reagiert. Des Nachts gehen Sie dann an die Ausgangsposition des Caches und aktivieren den Laser mit einem infraroten Signal Ihres Handys (sofern es eine Infrarot-Schnittstelle hat!) oder einer mitgebrachten Fernbedienung. Der Laser deutet dann für eine gewisse Zeit auf den nächsten Punkt des Caches.

Ultraviolette Farbe
Eine weitere interessante Variante sind Nachtcaches, bei denen mit ultravioletter Farbe gearbeitet wurde. Die ultraviolette Farbe ist tagsüber nicht auszumachen. Sie bietet somit die Möglichkeit, den Bereich des Caches komplett zu verändern. In der Beschreibung des Caches, teilweise auch schon aus der Namensgebung, spätestens aber aus den Logs können Sie ersehen, ob es sich um einen derartigen Nachtcache handelt.

Ein entsprechend starkes UV- oder Schwarzlicht ist für die Suche erforderlich. Diese können Sie im Elektronik-Fachhandel oder bei den Geocaching-Shops erwerben.

Abseil- und Klettercaches

Abseil- und Klettercaches üben auch einen besonderen Reiz aus. Diese Caches erkennen Sie im Listing in den meisten Fällen schon an der hohen Bewertung des Geländes oder der Namensgebung.

Im Listing selbst wird bei den meisten Caches dieser Art auf die Mitnahme zusätzlicher Ausrüstung oder explizit des Kletterequipments hingewiesen.

Solche Caches sollten Sie **nie allein** angehen! Sie sollten mit der Kletterausrüstung umgehen können und ausreichend Erfahrung mitbringen! Ist das nicht der Fall, suchen Sie sich einen Geocacher, der bereits klettern kann und Ihnen die nötigen Grundkenntnisse vermittelt, denn dieser kurze theoretische Teil ersetzt nicht die Fähigkeiten, die Sie nur in einer praktischen Schulung erwerben können! Es empfiehlt sich auch, einen Kletter-Kurs zu belegen. Dort können Sie die erforderlichen theoretischen und praktischen Kenntnisse erwerben und vertiefen.

Neben den Kletter-Kursen, die vornehmlich das Klettern im Fels behandeln und von vielen Kletterhallen-Betreibern und dem *Deutschen Alpenverein*, kurz *DAV*, angeboten werden, gibt es spezielle T5er-Kurse für Geocacher, die z. B. von diesen Firmen angeboten werden:

- www.kletter-spezial-einheit.de
- www.outdoorfriend.de
- www.seiltechnik-Hannover.de
- www.kletterturm.info
- www.ropenroll.de

In diesem Teil werden die wichtigsten Knoten und Techniken, die Sie für Abseil- und Klettercaches benötigen, kurz vorgestellt.

Sackstich

Sackstich
Der klassische Knoten. Er wird hauptsächlich beim Anseilen verwendet. Er ist einfach zu knoten, zieht sich bei Belastung stark zusammen und kann nur schwer wieder gelöst werden.

Achterknoten
Er wird hauptsächlich beim Anseilen verwendet. Gegenüber dem Sackstich ist er etwas schwieriger zu knoten, zieht sich dafür aber nicht so stark zusammen, wodurch er leichter zu lösen ist.

HMS-Knoten
Der Halb-Mastwurf-Sicherungs-Knoten, kurz HMS, dient zum Sichern des Seilpartners mit dem gleichnamigen Karabiner. Er hat eine recht hohe Seilreibung, was für den Sichernden den Vorteil eines geringeren Kraftaufwandes hat. Das Seil krangelt (verdreht) sich jedoch schneller.

Achterknoten   *HMS-Knoten*   *Ankerstich*

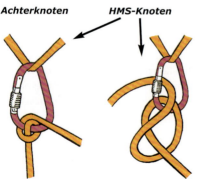
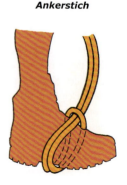

Ankerstich
Eine klassische Schlinge, die z. B. als Fixierung der Prusikschlinge am Fuß dienen kann.

Prusik-Knoten
Ist ein Klemmknoten bestehend aus einer zwei- oder dreifachen Schlinge ähnlich wie beim Ankerstich. Er blockiert bei Belastung und dient als zusätzliche Sicherung beim Abseilen oder beim Aufsteigen an einem Seil.

Prusik-Knoten

Einbinden in den Gurt ☞ *Beschreibung folgende Seite*

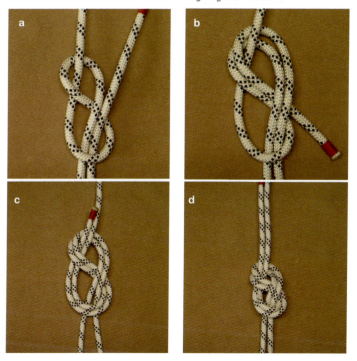

Einbinden in den Gurt

In den Gurt wird sich grundsätzlich eingebunden, nie mit einem Karabiner eingehängt!

Sichern

Zum Sichern gibt es verschiedene Methoden mit verschiedenen Hilfsmitteln.

Die zum Cachen gebräuchlichsten sind die mit dem HMS-Knoten und HMS-Karabiner und die mit dem Abseilachter.

Mit dem Abseilachter läuft das Seil besser und krangelt nicht so stark, allerdings ist hier ein höherer Kraftaufwand von dem Sichernden gefordert.

Je nachdem in welchem Winkel Sie das Seil durch den Achter laufen lassen, erhöht oder vermindert sich die Reibung des Seils, was wiederum den Kraftaufwand des Sichernden vermindert oder erhöht.

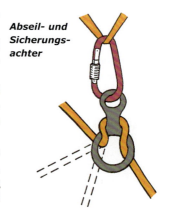

Abseil- und Sicherungsachter

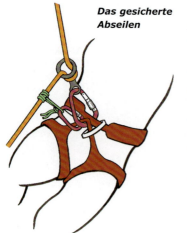

Das gesicherte Abseilen

Abseilen

Für das Abseilen wird der Abseilachter verwendet.

Sie hängen ihn mit einem Schraubkarabiner oder HMS-Karabiner in den Gurt ein. Vorher führen Sie das Seil in einer Schlinge durch das große Ende des Abseilachters und legen die Schlinge um das kleine Ende.

Unterhalb des Achters halten Sie fest und lassen das Seil langsam durch den Achter laufen.

Hier können Sie auch einen kurzen Prusik-Knoten als zusätzliche

Sicherung an den Beinschlaufen Ihres Gurtes befestigen. Diesen halten Sie immer locker. Sobald Sie die Schlaufe des Prusik loslassen, zieht er sich fest.

✋ Wichtig hierbei ist, den Prusik so kurz zu halten, dass er nicht in bzw. durch den Achter laufen kann, da Sie ihn sonst nur sehr schwer wieder lösen können!

Ablassen

Das Ablassen funktioniert ebenfalls mit dem HMS und dem Achter.

Hier seilt sich der Kletternde nicht selbstständig ab, sondern verbleibt eingebunden im Seil wie beim Beginn der Kletterei. Der Sichernde, der zuvor das Seil eingeholt hat, gibt nun langsam das Seil aus.

Ablassen bietet sich nur an, wenn Sie in Klettergebieten operieren, wo sich entsprechende Haken im Fels befinden. In den anderen Fällen, wo dies u. U. auch möglich wäre, wie z. B. auf Bäumen, sollten Sie davon absehen. Zum einen verschleißt Ihr Seil unnötig stark, wenn Sie über einen Ast oder eine Gabel abgelassen werden, zum anderen leidet der Baum dadurch natürlich erheblich, was gegen den Naturschutz geht und sicher nicht im Sinne aller Geocacher sein kann.

✋ Wichtig: Nicht das Seil durch die Hände laufen lassen, da es sich durch die Reibung erwärmt und bei zu schnellem Durchlaufen sehr heiß wird. Aus Reflex wird dann die Hand geöffnet, was zur Folge hat, dass der Abzulassende nicht mehr gehalten wird und abstürzt – das will sicher niemand!

Aufstieg am Seil

Mit zwei Prusik-Schlingen können Sie an einem Seil aufsteigen.

Hierfür benötigen Sie zwei Reepschnüre mit einem Durchmesser von 5 bis 6 mm und einer Länge von 1 und 4 m.

Grundsätzlich gilt: Je größer der Unterschied des Durchmessers vom Seil und den Reepschnüren, umso besser hält der Knoten.

Die kurze Schlinge befestigen Sie mit dem Prusik-Knoten am Seil. Das andere Ende befestigen Sie möglichst kurz an Ihrem Gurt.

Über dieser Prusik-Schlinge befestigen Sie die zweite lange Schlinge ebenfalls mittels Prusik-Knotens. In diese treten Sie mit einem Fuß, den Sie mit einem

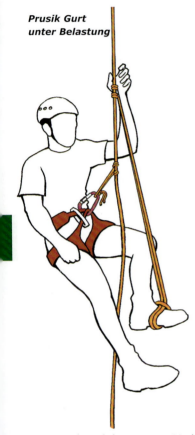

Prusik Gurt unter Belastung

Ankerstich fixieren können. Nun stellen Sie sich in die Fußschlinge und entlasten dadurch den Prusik-Knoten der Schlinge an Ihrem Gurt. Diese können Sie nun einfach mit dem Daumen lösen und leicht nach oben schieben.

Jetzt setzen Sie sich in Ihren Gurt und belasten die eben verschobene Prusik-Schlinge.

Als nächsten Schritt lösen Sie den Prusik-Knoten der langen Schlinge und schieben diesen weiter nach oben. Mit dem Fuß bleiben Sie natürlich in dieser Schlinge.

Dann strecken Sie das Bein durch und stehen wieder in der langen Schlinge. Nun ist wieder der kurze Prusik-Knoten, in dem Sie mit Ihrem Gurt hängen, entlastet und kann weiter nach oben geschoben werden.

Diese Schritte wiederholen Sie so lange, bis Sie die gewünschte Position erreicht haben bzw. am Seil aufgestiegen sind.

Mit zwei Steigklemmen gestaltet sich der Aufstieg etwas komfortabler. Eingehängt am Seil können sie nur in eine Richtung verschoben werden.

Je nach Art haben sie einen Mechanismus, der in eine Richtung blockiert und so am Seil festklemmt, oder der im Zusammenwirken mit einem Karabiner unter Belastung die Klemme am Seil festklemmt.

Auch hier befestigen Sie eine Klemme am Gurt und versehen die andere mit einer Schlinge in die Sie einen Fuß stellen.

Wie beim Prusiken schieben bzw. ziehen Sie die Klemmen abwechselnd nach oben und gewinnen so an Höhe.

Zwischensicherungen

Für das Legen von Zwischensicherungen an Bäumen etc. nutzen Sie für die Durchführung des Seils immer einen Karabiner, den Sie mittels Schraubverschluss sichern können. Somit ist gewährleistet, dass sich das Seil nicht selbst aushängen kann. Sollte einmal kein Schraubkarabiner zur Hand sein, können Sie auch zwei normale Karabiner nutzen.

👋 Wichtig dabei ist das richtige Einhängen in die Sicherung. Die Öffnungen der Karabiner müssen dann in die entgegengesetzten Richtungen weisen!

Verstecken eines Geocaches

Wenn Sie die ersten Geocaches gefunden haben, werden Sie sicher auch den Wunsch verspüren, einen eigenen Cache zu verstecken. Haben Sie es hiermit nicht zu eilig! Im Anflug einer ersten Euphorie sind schon viele Caches „mal eben so" versteckt worden. Es wurden schon Caches mit lediglich Plastiktüten als Behältnis gesichtet, auch sind Plätze, wo Kinder spielen oder unsere vierbeinigen Freunde ihr Geschäft verrichten, ungeeignete Orte für einen Cache!

Recherchieren Sie bitte gründlich, bevor Sie sich an das Verstecken eines eigenen Caches machen – schließlich wollen Finder und Owner lange Freude an dem versteckten Cache haben! Eine Faustformel in Cacherkreisen besagt, dass man sich **nach hundert gefundenen Caches** ganz gut ein Bild von gut und weniger gut gemachten Caches machen kann und erst dann selbst einen eigenen verstecken sollte. Lassen Sie sich auch nicht gleich durch die vielen einfachen Petlinge und Filmdosen am Wegesrand verleiten – es wird nicht umsonst von der Micro-Dosen-Schwemme gesprochen! Ein **guter Geocache** sollte einen **schönen** oder

besonderen Ort zeigen oder eine **besondere Dose** sein, die gut getarnt, handwerklich gearbeitet oder/und tricky zu öffnen ist. (Ausführungen dazu finden sich vielfach im Internet unter dem Stichwort „Morsix-Regeln".)

Ferner haben Sie einige Regeln, auch Guidelines, zu berücksichtigen!

Als Grundlage ist bewusst das Reglement von GC gewählt, da dies am umfangreichsten ist. Bei dem Einstellen Ihres Caches bei OC oder NC gibt es ein oft weniger strenges und kürzeres Regelwerk. (Hilfreich: *Garmin* hat zusammen mit dem *Deutschen Wanderverband* eine Petition zum naturverträglichen Geocachen herausgegeben – alles wichtige Punkte, die eigentlich selbstverständlich sein sollten: 🖥 www.garmin.com/de/outdoor/geocaching/naturvertraeglich/.)

Mit dem Einstellen des Geocaches in das Internet bestätigen Sie, dass Sie diese Regeln verstanden und akzeptiert haben. Diese Regeln werden von den Reviewern kontrolliert.

Bitte erschrecken Sie jetzt nicht vor der langen Liste! Die meisten Punkte sind logisch und sollten selbstverständlich sein.

Richtlinien zur Veröffentlichung eines Geocaches (*hiding guidelines*)

Der Ort (*location*)

Lokale Gesetze befolgen

Alle örtlichen Gesetze gelten, sowohl für den Ort des Caches als auch für den Weg zu ihm. Gesperrte Gebiete dürfen nicht betreten werden. Das gilt natürlich auch für sämtliche Stationen! Abweichende bzw. ergänzende regionale Regeln können Sie unter 🖥 wiki.groundspeak.com/display/GEO/Home einsehen.

Man bedenke, dass ein eventuelles Zusammentreffen mit Werkschutz oder den Ordnungshütern nicht nur zu unangenehmen Fragen führen, sondern auch teuer werden könnte …

Genehmigung einholen

Die Erlaubnis des Grundstückeigentümers liegt vor. Mit Absenden des Listings wird bestätigt, dass die Erlaubnis bei dem jeweiligen Eigentümer (Privatperson, Gemeinde etc.) eingeholt wurde. Wenn der Cache offensichtlich auf Privatgrund oder an einer Grundstücksgrenze liegt, ist es hilfreich, einen entsprechenden Hinweis im Listing zu geben, dass der Eigentümer damit einverstanden ist oder das Grundstück nicht betreten werden muss.

Gute Wahl des Versteckortes
1. Mindestabstand

Eine hohle Bank kurz vor ihrer Fertigstellung als Cachewirt

Alle physischen Bestandteile eines Caches, auch Stationen, wo es z. B. angeklebte Notizen zu finden gilt, müssen einen Abstand von mindestens 0,1 Meile, also 161 m, voneinander haben.

Ausgenommen sind virtuelle Stationen (wo z. B. etwas gezählt werden oder eine Frage beantwortet werden muss), Start- und Parkkoordinaten, Punkte, die der Orientierung dienen, um auf dem rechten Weg zu bleiben, sowie virtuelle Caches und Earthcaches.

2. Zugänglichkeit

▷ Der Cache sollte auf Langfristigkeit ausgelegt sein. (So etwas wie die Christbaumkugel am Tannenbaum auf dem Weihnachtsmarkt geht also nicht!)
▷ Er muss den größten Teil der Woche frei zugänglich sein.
▷ Eine Interaktion mit Personen darf nicht erforderlich sein.

Nicht vergraben

Weder teilweise noch komplett.
Das macht ja auch absoluten Sinn, wenn man die übliche Ungenauigkeit von +/-5 m bedenkt – da wäre schnell ein großes Areal umgegraben …

Zurzeit gibt es eine strenge Ausnahme: Nämlich wenn eine ausdrückliche Genehmigung des Grundstückeigentümers für das Graben den Reviewern vorgelegt wird!

Kein Eigentum beschädigen

Das Cacheversteck darf kein öffentliches oder privates Eigentum beschädigen, verunstalten oder gar zerstören.

Der Cache (auch Hinweise und Stationen) sollte so versteckt sein, dass absichtliche und unabsichtliche Beschädigungen in seiner Umgebung ausgeschlossen sind!

Tier- und Pflanzenwelt nicht schädigen

Geocaches sind so zu verstecken, dass eine Schädigung der Tier- und Pflanzenwelt ausgeschlossen ist. Hierfür kann eine zeitweise Deaktivierung während z. B. Brut- und Setzzeiten oder Winterschlaf der Fledermäuse (☞ Umwelt) erforderlich sein. Entsprechende Hinweise im Listing sind hilfreich.

Keine gesperrten Gebiete

Keine Caches in gesperrten Gebieten. Wie eingangs aufgeführt gibt es auch regionale Beschränkungen, die Sie sich vor dem Verstecken eines Caches anschauen sollten.

Ein Cache kann aus verschiedenen Gründen (die Aufzählung erhebt keinen Anspruch auf Vollständigkeit!) deaktiviert oder gar archiviert werden:

▷   Der Cache wird vom Grundstückseigentümer gemeldet.
▷   Er befindet sich in einem Gebiet, was für zusätzliche Besucher sensibel ist, wie archäologische Stätten, historische Orte oder Friedhöfe.
▷   Er liegt auf Gelände der Bahn.
▷   Problematische Nähe zu öffentlichen Bauwerken wie Brücken, Staudämmen, Krankenhäusern, Schulen, Flughäfen, militärischen Einrichtungen etc.
▷   Orte, deren Betreten untersagt ist.

✋ In Zeiten, in denen die Angst vor terroristischen Anschlägen groß ist, sind die Menschen wachsam und ein Suchender zieht schnell die Aufmerksamkeit auf sich – unnötigerweise!

✋ Auch Caches auf und in unmittelbarer Umgebung von Jugendeinrichtungen oder Spielplätzen sollten überdacht werden. Oft ist in den Gemeindesatzungen das Betreten von Spielplätzen den Erwachsenen nur erlaubt, wenn sie eine Begleitperson von Kindern sind. Und man überlege mal, wie viele Cacher sich am Tag des Publishs auf dem Spielplatz herumtreiben würden. Das bliebe den besorgten Bürgern nicht lange verborgen – nicht erst ein Cacher hat peinliche

Fragen der Ordnungshüter beantworten müssen. Das trägt nicht zum positiven Ruf unseres Hobbys bei!!!

Caches im Weltall

Caches auf anderen Planeten und Raumschiffen können erlaubt werden, allerdings muss man auch hinkommen ...

Die ISS hat übrigens schon seit dem 14.10.2008 einen Cache, GC1BE91.

Cache-Behälter

▷   Die Dose sollte wasserdicht sein.

▷   Den Geocache als solchen kennzeichnen. Hier ist es neben den üblichen Angaben wie Name, GC-Kürzel, und Koordinaten auch hilfreich, den Nick sowie eine **Handynummer und E-Mail-Adresse** aufzuschreiben. So kann jemand, der sich doch durch den Cache gestört fühlt, direkt Kontakt mit dem Owner aufnehmen – das spart im Zweifelsfall eine Eskalation und die damit verbundenen Kosten.

Kontaktdaten gehören auf jeden Cache

Eine **Cache-/Stash-Note** in den Cache zu legen, die den Zufallsfinder über das Spiel aufklärt, ist ebenfalls sehr sinnvoll. Download rechte Seite unter „Instructions for Finders" in verschiedenen Sprachen und Größen unter 🖳 www.geocaching.com/play/hide.

▷   Der Cache beinhaltet mindestens einen Logstreifen.
▷   Der Inhalt ist familienfreundlich.
▷   Der Inhalt ist outdoortauglich. Die Tiere in Wald, Flur und Stadt können wesentlich besser riechen als wir Menschen. Es ist sehr unglücklich, wenn Ihr Cache von Wildschweinen verschleppt oder völlig vernichtet wird, nur weil sich in ihm irgendetwas Essbares befunden hat.

Regeln für das Listing

▷ Es muss die exakten Koordinaten (☞ Ermitteln der Position) enthalten.
▷ Der Cache muss sich in seinem Versteck befinden.
▷ Der Cache sollte nicht zu weit von Ihrem Wohnort entfernt liegen, sodass eine regelmäßige Wartung möglich ist.

Wenn ein anderer Cacher Ihnen mitteilt, dass der Cache feucht geworden oder gar verschwunden ist, sollten Sie in einem angemessenen Zeitraum reagieren und ihn wieder instand setzen können. (Daher ist das Verstecken von Caches im Urlaub oder gar im Ausland zwar möglich, aber nur unter gewissen Voraussetzungen erlaubt und bedarf eines recht hohen Aufwandes an E-Mail-Verkehr mit den Reviewern und Cachern vor Ort, die sich dann um Ihren Cache kümmern müssen, um ihn schließlich reviewed zu bekommen.)

▷ Nutzen Sie die Möglichkeit der „Reviewer Note" – z. B. wenn Ihr Cache zu einem bestimmten Zeitpunkt veröffentlicht werden soll.
▷ Es gibt keine Präzedenzfälle. Ist früher mal ein ähnlicher Cache versteckt worden, rechtfertigt das nicht, einen weiteren derartigen Cache freigeschaltet zu bekommen!
▷ Es gehören keinerlei Ansichten jeglicher Art in das Listing.
▷ Keine kommerziellen Inhalte. Alles, was irgendwie als Werbung oder verkaufsfördernd angesehen werden kann, wird nicht geduldet. Also keine Logos, Links oder Namen von Firmen (ein Beispiel hierfür ist ☞ Biltema).
▷ Der Inhalt des Listings muss für alle Altersgruppen geeignet sein.
▷ Listings, die Bedingungen erfordern, werden nicht reviewed. Hierzu zählen der Gebrauch von USB-Sticks, zusätzlichen Registrierungen auf anderen Websites, Downloads oder Installationen.

Cache-Wartung

▷ Das Listing sollte immer auf dem aktuellsten Stand sein.
▷ Kontrollieren Sie die Logs auf eventuell gemeldete Probleme.
▷ Nutzen Sie das „Maintenance"-Log nach erfolgter Wartung.
▷ Korrigieren Sie das Listing, wenn es veränderte Bedingungen erforderlich machen.

▷ Deaktivieren Sie das Listing, wenn Sie eine Wartung nicht unmittelbar durchführen können.
▷ Kontrollieren Sie den Cache regelmäßig vor Ort.
▷ Wenn Sie feststellen, dass Trackables, die laut Listing im Cache sein sollten, nicht im Cache sind, dann melden Sie diese als „vermisst".

In der aktuellsten Fassung sind diese Regeln nachzulesen unter:
- www.geocaching.com/play/guidelines – die Originale von *Groundspeak Inc.*
- www.gc-reviewer.de/guidelines/ – eine sehr gute und ausführliche Ausarbeitung mit vielen wichtigen Hinweisen von den deutschen Reviewern – **einen herzlichen Dank dafür!**

… und wenn das Listing im Internet eingegeben wird, sind noch ein paar grundlegende Punkte zu bedenken:
▷ Eine größere Anzahl von Caches, die zum gleichen Zeitpunkt online gestellt werden sollen, bedarf auf allen Seiten einer gewissen zeitlichen Vorausplanung!
▷ Wenn im Vorfelde zu erkennen ist, dass Fragen seitens der Reviewer auftauchen könnten, dann gilt es, die Funktion Reviewer-Note zu nutzen und entsprechende Erklärungen mit einzustellen, also den Dialog zu suchen!

Auswahl eines geeigneten Ortes

Haben Sie sich erst einmal mit dem Regelwerk vertraut gemacht, suchen Sie einen geeigneten Ort für Ihren Cache. Suchen Sie nach einem interessanten oder schönen Ort. Dies können

Der Cache an dieser Statue auf einem stark frequentiertem Platz kann nur mit einem schnellen Griff an eine sehr pikante Stelle gehoben werden.

Aussichtspunkte, Denkmäler, besondere Gebäude, Kunstwerke – also alles sein, was einen Besuch lohnend erscheinen lässt. Hier sind Ihrer Fantasie keine Grenzen gesetzt!

Nicht immer ist ein Versrecktyp, der sich in einer Region als gut herausgestellt hat, anderenorts genauso gut. Beispielsweise die beliebte Baumwurzel. Im Wald ein prima Versteck, und sie kann dort auch durch Holz, Steine oder eigene Basteleien entsprechend gesichert werden. Im städtischen Gelände absolut unpassend, da spielen Kinder oder verrichten Hunde ihre Notdurft – da lebt der Cache nicht lange und wird nur selten zu einer positiven Resonanz führen.

Achten Sie auch auf die Gegebenheiten vor Ort! Stellen Sie sich die Location auch zu den verschiedenen Tages- und Jahreszeiten vor.

Viel zu häufig ist es schon vorgekommen, dass ein Cache nur um des Caches willen gelegt wurde und der Ort sich im Nachhinein als eine wahre Müllhalde entpuppte …

Es bietet sich immer an, mit offenen Augen durch das Zielgebiet zu gehen! Es finden sich eigentlich immer irgendwelche lockeren Steine, offenen Röhren oder Schilder, Brücken, Astgabeln oder Baumwurzeln, die als Location für einen Cache in Betracht kommen.

Ermitteln der Position

Nicht an jedem Ort sind die Koordinaten im ersten Anlauf exakt zu ermitteln. So kann es vorkommen, dass Sie mal eine schlechte Konstellation der Satelliten zueinander haben. Oder die Signale durch dichte Belaubung sind derart abgeschattet, dass Sie eine hohe Ungenauigkeit haben. In diesen Fällen sollten Sie den Ort an mehreren Tagen zu verschiedenen Zeiten aufsuchen und die jeweils aktuellen Koordinaten speichern. Aus den verschiedenen Werten errechnen Sie dann zu Hause einen Mittelwert. Wenn Sie eine genaue digitale Karte zur Hand haben, können Sie diese auch zur Ermittlung der Position nutzen.

Moderne GPS-Empfänger können häufig einen Mittelwert errechnen. Aber auch hier gilt die augenblickliche Situation vor Ort und die Satelliten-Konstellation zu berücksichtigen. Wenn Sie einen Multi-Cache legen, gilt dieses Prozedere natürlich für jede einzelne Station!

Entscheidend für einen guten Cache sind neben der Finesse auch gute Koordinaten. Oft haben Caches mit tollen Ideen schlechte Kritiken bekommen, weil die Position vom Owner nicht genau ermittelt wurde!

Zusammenstellen des Caches

Haben Sie den geeigneten Ort gefunden und die Position ermittelt, stellen Sie den Cache zusammen.

PETling mit Öse und Bergetool

Je nach Größe besteht er aus Logbuch, Stift und Goodies. Dies können Werbepräsente oder Spielzeuge sein. Sie können auch ein Thema vorgeben wie z. B. Kronkorken, Bierdeckel oder elektronische Bauteile. Auch hier sind Ihrer Fantasie keine Grenzen gesetzt. Auf den entsprechenden Seiten der verschiedenen Organisationen können Sie Logbücher oder vielmehr Logzettel downloaden und ausdrucken. Sollten Ihnen diese nicht gefallen, finden Sie unter 🖳 www.gclogbuch.de eine Sammlung freier Logbuchvorlagen.

Auch die sogenannte *Stash-* oder *Cache-Note*, die in keinem Cache fehlen sollte, finden Sie dort. Die *Stash-/Cache-Note* beschreibt in kurzen Worten das Geocaching und bittet zufällige Entdecker, den Cache wieder dort zu verstecken, wo sie ihn gefunden haben.

Tarnen des Caches

Ihren Cache sollten Sie möglichst gut vor einem zufälligen Fund durch Nicht-Geocacher tarnen.

Je nach Größe bieten sich hier die verschiedensten Möglichkeiten an. In einigen Fällen kann es schon ausreichen, den Cachebehälter in der richtigen Farbe zu bemalen.

Das Bekleben des Behälters mit Holz aus der Umgebung des Versteckes stellt oft eine gute Tarnung dar.

Auch Bastel- und Modellbauabteilungen halten einiges Material zum Tarnen von Caches bereit. Ebenso wenn Sie Totholz entsprechend aufbohren, um den Behälter darin unterzubringen. Dies eignet sich natürlich besonders gut für kleine

Cache nebst Inhalt ...
... und hier in seinem Versteck

Caches, aber auch Caches in der Größe einer Munitions-Kiste habe schon in derartigen Verstecken Platz gefunden. Besonders eifrige Cacher haben auch schon große Steine mit entsprechenden Hohlräumen versehen.

Weitere Möglichkeiten bieten die in Baumärkten angebotenen hohlen Steine für Brunnen oder die kleinen Stein-Imitate mit Hohlraum für den Haustürschlüssel. Berücksichtigen Sie auch, dass sich die Umgebung eines Versteckes im Laufe der Jahreszeiten ändern kann. Ist das Versteck im Frühjahr und Sommer gut durch Vegetation getarnt, fehlt diese im Herbst und Winter u. U. gänzlich.

Masten von Straßenschildern, Begrenzungspfosten und sämtliche Arten von Röhren eignen sich sehr gut, um Zwischenstationen oder Micro-Caches unterzubringen.

Hinweise in PETlingen oder Anhänger für Hundehalsbänder können Sie mit etwas Draht versehen, um sie in die Röhre hineinzuhängen. Im versteckten Zustand ist der kleine Drahthaken praktisch nicht auszumachen.

Die Befestigung mit einem Haken setzt voraus, dass die Röhre nicht tief ist. Denn es kann immer vorkommen, dass ein ungelenker Cacher den Haken beim Hinein- oder Heraushängen in dem Rohr versenkt. Um dem vorzubeugen, können Sie auch einen entsprechenden Träger an die Dose schrauben, sodass sie nicht hineinfallen kann.

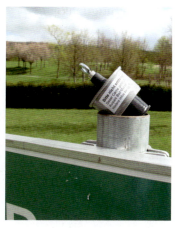

Vorzugsweise an Schildern ist auch der Einsatz von dünner Angelsehne zu empfehlen. Diese ist nur schwer auszumachen und durch Festbinden am Schild ist der Hinweis auch vor dem endgültigen Verschwinden im Mast des Schildes gesichert. Wenn es sich nur um einen Hinweis handelt, kann er auch einfach laminiert werden und ist so witterungsbeständig.

Eine hohle Schraube in einem Weidezaun

Versteckmöglichkeiten

Hier einige weitere Beispiele, wo Geocaches versteckt werden können:

↑ *Obwohl dieser Cache nur mäßig getarnt ist, hat er schon einige Jahre überdauert. Zu verdanken hat er das dem Dornengestrüpp, unter dem er liegt, wo sich niemand zu schaffen macht, der nicht ausgerechnet diesen Cache sucht.*

↓ *Ein Handlauf ist eine schöne Variante.*

Geliebt und gehasst: Nanocaches, auffällig unauffällig an markanten Punkten platziert.

Eine Schraube in der Rasthütte schaut anders aus

Der schwarze Nano wirkt wie ein Kabelrest

Eine überflüssige Mutter

Aufklappbarer Holzträger

Ebenso klassisch, der Cache unter einem Baumstamm. Hier genügt eine Handvoll Kiefernnadeln zum Tarnen.

Künstlicher Stein (Mico) in einer Mauer

Micro in der Nabe eines alten Kutschenrades

Trotz Micro-Schwemme müssen Micros nicht langweilig sein.

Micro an einem rostigem Träger; Strom hat es hier nie gegeben

Passender Abschluss für den Zaunpfahl

Micro mit passender Halterung auf 3 m Höhe

Rostige Mutter an einem Weidezaun

Dieser Small in einem Vierkantträger kann nur erfühlt werden →

Small als Abflussrohr getarnt →

Klassisch: Regular unter einem Felsen →

Ein Kellerfenster in einer belebten Altstadt, der Nano sitzt auffällig unauffällig auf einem Schanier

Ein hohler Baumstumpf als Wirt für eine ausgediente Munitionskiste

Micro (links) bzw. Small (rechts) aus einer Felsspalte geborgen

Eine weitere Station eines Multi-Caches

Eine Filmdose getarnt als Überbleibsel eines alten Weidezauns

Auch Löcher im Boden halten als Versteck her

Natur & Umwelt

Je stärker wir Geocacher mit unserem Hobby in der Öffentlichkeit wahrgenommen werden, desto öfter wird uns vorgeworfen, dass wir uns immer querfeldein abseits jeglicher Wege bewegen würden, ohne Rücksicht auf Verluste – gemeint sind das aufgescheuchte Wild bzw. aufgescheuchte am Boden brütende Vögel.

Auch wenn die Geocaching-Community unaufhörlich wächst und mittlerweile einen Querschnitt der Bevölkerung darstellt, möchte ich behaupten, dass den meisten (auch wenn sie das Wissen um das rechte Verhalten in Wald und Flur vergessen oder gar nicht gelernt haben) von uns an einer intakten Natur gelegen ist, was die steigende Anzahl an CITO-Events (☞ Cachetypen: CITO-Event) beweist. Die Idee des Müllsammelns beim Cachen (CITO=CacheInTrashOut, 🖳 www.geocaching.com/cito) wurde übrigens bereits 2002, also zwei Jahre nach Entstehen des Hobbys Geocaching, geboren.

Auf unserem jährlichen Walpurgis-Event im Harz konnten wir in den letzten Jahren bis zu 250 Geocacher motivieren, zusammen mit dem Nationalpark Harz die hoch frequentierte Region um den Brocken von Müll zu befreien. Was da alles zutage gefördert wurde, kann man im Event-Listing unter 🖳 www.cacherban.de nachvollziehen. Nebenbei hatten alle Beteiligten Spaß bei diesen Aktionen!

Natürlich gelten für uns Geocacher (wie für jeden anderen) im Umgang mit der Natur ein paar Regeln, die es allen Beteiligten einfacher machen. Denn auch wir haben eine Verantwortung für unsere Naturschutzgebiete und die Umwelt, die es wahrzunehmen gilt:

▷ So kann man beim Verstecken von Caches nicht einfach an jedem Baum herumbohren, -nageln oder -sägen. Der Baum ist nicht nur ein Lebewesen, sondern gehört auch jemandem, der gefragt werden möchte und sicher etwas dagegen hat, wenn der Baum unerlaubt mit Nägeln versehen und so für die Holzwirtschaft unbrauchbar gemacht wird!

▷ Ein Müllbeutel sollte beim Geocachen immer dabei sein, damit man seinen auf der Tour produzierten Müll, seien es nun die leeren Batterien, Becher oder sonst etwas, wieder mit nach Hause nehmen kann.

▷ Aus diesem Gedanken heraus hat sich eine breite Community um den sogenannten ☞ Taschen-Cito gebildet. Bundesweit versehen fleißige Geocacher Müllbeutel mit entsprechenden Banderolen, um sie auf Events und in Caches als Trade Item (Tauschgegenstand) zu verteilen.
💻 www.taschen-cito.de

Auch gibt es Gebiete und Zeiten, in denen besondere Rücksicht zu üben ist:

▷ Naturschutzgebiete: Hier dürfen Caches – wenn überhaupt – nur auf den Wegen gelegt werden, das Studium der geltenden Betretungsordnung ist hier sehr hilfreich!

▷ Gesetzlich geschützte Biotope: Hier gehört keine physische Dose hin, Earth-Caches sind Alternativen.

▷ Baumhöhlen: Auch hier gehört kein Cache hin, da diese Höhlen Lebensräume für seltene und geschützte Tiere wie Specht, Siebenschläfer und Fledermaus sind.

▷ Höhlen, Stollen und unterirdische Räume, die als Winterquartier für Fledermäuse dienen, dürfen vom **1. Oktober bis 31. März** nicht betreten werden. Eine gute Möglichkeit, bei betroffenen Caches schon im Listing auf diese Zeiten hinzuweisen, finden Sie unter:
💻 sites.google.com/site/lateamsgcseiten/fledermausschutz
oder 💻 www.geocaching-franken.de/natur-du/deaktivierung-von-geocaches-winterpause-franky-untersttzt-dabei/.

▷ Die Brut- und Aufzuchtphase vom **15. März bis 15. Juli** ist für viele Tiere eine besonders kritische Zeit. Werden sie gestört, kann das den Tod der Jungtiere oder das Auskühlen der Gelege (am Boden brütende Vögel sind hier besonders gefährdet) zur Folge haben. Gerade in dieser Zeit sollten nachts die Wege nicht verlassen und das wilde Umherfunzeln mit Taschenlampen im Unterholz vermieden werden.

Viele Tipps und Infos rund um Feld, Wald und Flur und das richtige Verhalten darin wurden u. a. unter 💻 www.bisindenwald.de und sogar in Form eines Comics auf 💻 www.gps.de/geocaching-comic/ zusammengetragen.

Inzwischen haben sich einige Geocaching-Vereine gegründet, die sich u. a. das Thema Umweltschutz auf die Fahnen geschrieben haben (☞ Quick-Links). Sie sind neben vielen weiteren Geocachern auf einer Liste mit freiwilligen Ansprechpartnern für das gesamte Bundesgebiet unter
💻 www.geocaching.de zu finden.

Der GPS-Hersteller *Garmin* und der *Wanderverband* haben 2010 eine Petition zum naturverträglichen Geocachen herausgegeben, in der diese eigentlich selbstverständlichen Punkte aufgeführt sind:
💻 www.garmin.com/de/outdoor/geocaching/naturvertraeglich/

Verschiedene Schutzgebiete können im Vorfelde der Cachejagd z. B. unter
💻 www.geodienste.bfn.de/schutzgebiete eingesehen werden.

Gefahren

Neben den Gefahren, die dem unsachgemäßen Umgang mit der Ausrüstung entspringen oder durch Selbstüberschätzung ausgelöst werden, gibt es noch ein paar unangenehme Tierchen, auf die Sie beim Cachen treffen können.

Zecken

Bei der Jagd auf Wald- und Wiesencaches werden Sie sicher auch Bekanntschaft mit Zecken machen. Zecken gehören zu den Spinnentieren und ernähren sich als Parasiten vom Blut ihrer Wirte. Die häufigste Zecke in Deutschland ist der gemeine Holzbock (*Ixodes ricinus*).

Zecken lieben es feucht und warm. Ab ca. 10°C werden sie aktiv, von März über den Sommer bis in den Herbst hinein sind sie überwiegend in Gräsern, Gestrüpp und im Unterholz anzutreffen. Bereits bei ihrem Biss bzw. Stich sondern sie mit ihrem Speichel ein Betäubungsmittel ab, was die Stelle unempfindlich macht. Daher spüren wir ihren Biss nicht – im Gegensatz zu anderen Insektenstichen. Zudem ist im Speichel eine Art Klebstoff vorhanden, der sie fest mit der Einstichstelle verankert.

Zecken können verschiedene Krankheiten übertragen, daher ist es ratsam, sich gegen Zeckenbisse zu schützen. Zecken bevorzugen besonders warme Stellen mit dünner Haut wie unter den Armen, in den Kniekehlen, in den Leisten und am Haaransatz. Um diese zu erreichen, wandern sie über den Körper. Tragen Sie daher lange, vorzugsweise helle Kleidung, auf der Sie die Zecken besser sehen und frühzeitig entfernen können. Auch das Auftragen von insektenabweisenden Mitteln kann Ihnen die Plagegeister eine Weile vom Leibe halten.

Nach jedem Aufenthalt in dem entsprechenden Gelände ist also eine gründliche Zeckenkontrolle empfohlen! Entdecken Sie festgesaugte Zecken, sollten diese schnellstmöglich mit geeignetem Werkzeug, z. B. Zeckenzangen aus der Apotheke, entfernt werden. Die baldige Entfernung ist wichtig, da so das Risiko einer Borrelioseinfektion verringert werden kann.

> Gute Informationen mit Karten über die Verbreitung finden Sie unter
> www.zecken.de, www.zecken-radar.de und
> www.impfen.de/zecken-fsme/

FSME

Frühsommer-Meningo-Encephalitis, eine Hirnhautentzündung, wird durch ein Virus verursacht. Es wird bereits beim Biss mit dem Speichel der Zecke übertragen. Das Virus kommt in Deutschland nur in bestimmten geografischen Gebieten vor, bei Aufenthalt in FSME-Gebieten empfiehlt sich prophylaktisch eine Schutzimpfung.

Informationen zu der Impfung und möglicher Kostenübernahme durch die Krankenkassen erhalten Sie bei Ihrem Hausarzt.

Borreliose

Borreliose wird durch Bakterien der Gruppe *Borrelia burgdorferi sensu latu* verursacht. Die Bakterien befinden sich im Darm der Zecke und können erst ca.

24 Std. nach dem Biss auf den Menschen übertragen werden. Wenn Sie die Zecke also rechtzeitig entfernen, besteht keine große Gefahr, mit Borreliose infiziert zu werden.

- www.borreliose-bund.de
- www.borreliose-nachrichten.de
- www.zeckenschnelltest.com

Fuchsbandwurm

Für eine Ansteckung müssen die Eier des Fuchsbandwurmes (*Echinococcus multilocularis*), welche vom Fuchs ausgeschieden werden, in den Darm gelangen. Dies passiert durch die Aufnahme von Körperflüssigkeiten oder Kot, welche an Waldfrüchten oder auch an Verstecken von Caches haften können.

Der Parasit nistet sich dann in die Leber ein und beginnt sein zerstörerisches Werk. Unbehandelt führt der Fuchsbandwurm zum Tode.

Sie sollten daher unbedingt vermeiden, sich mit schmutzigen Händen ins Gesicht zu fassen oder unbehandelte Waldfrüchte zu naschen.

Ausführliche Informationen erhalten Sie unter
- www.infektionsbiologie.ch/parasitologie/seiten/modellparasiten/mp04echi.html

Hirschlausfliege

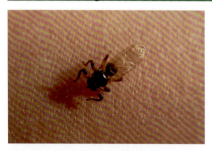

Die Hirschlausfliege (*Lipoptena cervi*) sieht aus wie eine Stubenfliege, ist jedoch flacher. Sie ernährt sich von Blut und befällt überwiegend Wild, macht aber vor dem Menschen nicht halt. Besonders in der Zeit von August bis Oktober ist sie in bewaldeten Gebieten anzutreffen. Wenn sie auf ihrem Wirt gelandet ist, wirft sie ihre Flügel ab. Mit ihren Beinen hackt sie sich in den Haaren oder auf der Haut fest und ist nur schwer zu entfernen. Ihr Stich juckt ganz furchtbar. Es wird vermutet, dass sie auch Krankheiten übertragen kann.

- www.gesundheit.com/gc_detail_11_gc21010501.html

Ausreden

Zu den konspirativen Zeiten waren Geocacher um keine Ausrede verlegen, um ihr Hobby vor den Nicht-Geocachern, den Muggels, geheim zu halten. Inzwischen hat fast jeder von diesem Hobby gehört und eine Geheimhaltung in dem damaligen Sinne ist nicht mehr in dem Maße erforderlich.

Dennoch sollten Sie versuchen, nicht über Gebühr Aufsehen zu erregen. Manchmal kommen Sie in die Situation, einen Cache heben zu wollen, in dessen Nähe sich viele andere Menschen aufhalten oder bei dem es ungünstig ist, beim Bergen von anderen Nicht-Geocachern beobachtet zu werden, wie beispielsweise im städtischen Gelände. Hier eine (natürlich nicht auf Vollständigkeit bestehende) Liste von Ausreden:

▷ Grundsätzlich ist es hilfreich, wenn Kinder beim Cachen dabei sind, denn dann genießen Sie eine gewisse „Narrenfreiheit". Kinder „müssen" ja immer in den „ungünstigsten" Situationen auf die Toilette und da können Sie in Bezug auf Zeit und Platz keinerlei Kompromisse eingehen.

▷ Auch hat es schon Cacher gegeben, die auf der Autobahn anhielten, da sich die Kinder „übergeben" mussten. Dass da nun ausgerechnet auch ein Cache lag, kann wohl nur „Zufall" sein. Allerdings kann das auch sehr unangenehme Folgen haben ...

▷ Bei Situationen, in denen es unter Brücken oder in Betonröhren von Bächen geht, ist es sinnvoll, für den Sachkunde- oder Biologieunterricht der Kinder Tiere oder Pflanzen sammeln zu müssen.

▷ Pflanzen und im Herbst Pilze zu sammeln, ist auch immer eine gute Entschuldigung dafür, sich abseits der beschilderten Wege aufzuhalten. Wenn Sie dann noch mit „fundiertem" Wissen zu der einen oder anderen Art auftrumpfen können, steht Ihrer Glaubwürdigkeit und dem Bergen des Caches nichts im Wege.

▷ Geschickt ist es auch immer, eine angefangene Rolle Klopapier im Gepäck zu haben. So sind Sie nicht nur für die Notdurft richtig gerüstet, sondern haben eine weitere „Legitimation", sich in „verbotenem" Gelände aufzuhalten. Ein verkniffenes oder befreites Gesicht gepaart mit einem dezenten Wink mit der Klopapierrolle lassen bei einem Beobachter keine Fragen mehr aufkommen.

- ▷ Wenn Sie sich auf einem Baum befinden, ist die entlaufene Katze oder der entflogene Vogel immer eine gute Ausrede. Auch war schon manch ein Cacher zur „Nistkastenkontrolle" unterwegs.
- ▷ Kritischer sind da schon die Situationen bei manchen Caches auf Lost-Place-Geländen wie alten Kasernen, wo Sie als zivile Person tatsächlich nichts zu suchen haben.

  Bevor Sie derartige Caches angehen, sollten Sie sich unbedingt über mögliche Folgen vor allem beim Zusammentreffen mit Offiziellen im Klaren sein! Aber auch hier kann Frechheit siegen! Gelände wie alte Kasernen werden durchaus vom Bund veräußert. Meist werden einzelne Gebäude oder Parzellen versteigert. Na, und wer möchte nicht vorher mal gesehen haben, wovon er zukünftig „Eigentümer" ist. Ein Ausdruck der Bundesliegenschaft unterstreicht Ihre Aussage dann noch.
- ▷ Bei einigen Caches, besonders in Innenstädten, ist es von Vorteil „offiziell" zu wirken. Hier hat schon manche Warnweste aus dem Kfz-Zubehör wertvolle Dienste an dem ein oder anderen historischen Versteck geleistet.
- ▷ Ein Stativ, vorzugsweise in gelb oder orange mit entsprechendem technischen Equipment, unterstreicht die Aussage „hier etwas zu vermessen" – was ja auch nicht so weit hergeholt ist.
- ▷ Auch das Suchen eines geeigneten Ortes für das Drehen eines Video-Clips oder Foto-Shootings in Verbindung mit einer professionell wirkenden Ausrüstung lässt selten weitere Fragen aufkommen.
- ▷ Ebenso das Erfassen von Grenzsteinen oder alten Handelswegen für Studienprojekte oder die Heimatforschung wird gerne akzeptiert.
- ▷ Unter 🖥 www.openstreetmap.org ist das OSM-Projekt zu finden, das sich zum Ziel gesetzt hat geografische Daten zu sammeln und diese Interessierten zur Verfügung zu stellen. Hierfür zeichnen Sie Daten auf – … gegen freie Kartendaten haben die wenigsten Menschen etwas einzuwenden.
- ▷ Wenn all diese Ausreden nicht fruchten bzw. es angeraten erscheint doch die Wahrheit zu sagen, ist es hilfreich, eben dieses Büchlein aus seinem Gepäck zu kramen. Denn worüber schon Bücher geschrieben worden sind, kann ja nichts „Verwerfliches" sein …

Literatur rund ums Thema Geocaching

In den vergangenen Jahren hat Geocaching mehr und mehr Einzug auch in die Welt der Literatur gehalten, es vergeht kaum ein Monat, in dem nicht ein Buch mit dem Thema Geocaching auf dem Markt erscheint.

Vom Aufzählen weiterer Ratgeber habe ich Abstand genommen, da Sie mit dem „Gründel I" das deutschsprachige Standardwerk für den Einsteiger (*Geocaching II* bzw. „der Gründel II" für den Fortgeschrittenen) rund um „das schönste Hobby der Welt" ja bereits in den Händen halten …

Einige der hier aufgeführten Werke habe ich mit der Brille des Geocachers gelesen, was an dem kurzen Statement deutlich werden sollte (viele Titel gibt es auch als eBook zu unterschiedlichen Konditionen):

- Susanne Fletemeyer, **Finde mich! – Glück in kleinen Dosen**, 2016, Tinte & Feder, ISBN: 978-1503937598, € 9,99. Entgegen dem Trend, Geocaching mit kriminellen Machenschaften zu verarbeiten, hat Susanne Fletemeyer eine Liebesgeschichte geschrieben. Die Story spielt in meiner erweiterten Homezone, dem Großraum Hannover, und ist sehr witzig zu lesen – meine absolute Empfehlung!!!
- Basierend auf ihrer Molly-Preston-Cache-Serie hat Carine Bernard 2015 Molly ihre Ermittlertätigkeit aufnehmen lassen. Mit scharfem Verstand und Charme löst Molly ihre Fälle und stellt nebenbei schöne Winkel in Europa vor. Ideale Lektüre für zwischendurch und um neue Zielgebiete für den Cacher-Urlaub zu finden. Ich freue mich auf weitere Fälle mit Molly Preston!
  - ♦ Carine Bernard, **Der Lavendel-Coup: Ein Provence-Krimi (Molly Preston ermittelt 1)**, 2015, Knaur TB, ISBN: 978-3-426-21530-2, € 12,99
  - ♦ Carine Bernard, **Das Schaf-Komplott: Ein Yorkshire-Krimi (Molly Preston ermittelt 2)**, 2016, Knaur TB, ISBN: 978-3-426-21559-3, € 12,99
  - ♦ Carine Bernard, **Die Schnitzel-Jagd: Ein Wien-Krimi (Molly Preston ermittelt 3)**, 2016, Knaur TB, ISBN: 978-3-426-21557-9, € 12,99
  - ♦ Carine Bernard, **Der Drachen-Klau: Ein Mallorca-Krimi (Molly Preston ermittelt 4)**, 2017, Knaur TB, ISBN: 978-3-426-21643-9, € 12,99
- Bernhard Hoëcker: **Aufzeichnungen eines Schnitzeljägers**, rowohlt Verlag, ISBN 978-3-499-62252-6, € 9,99. Der Comedian beschreibt in dem 2007 (zeitgleich mit meinem ersten Buch „Geocaching") erschienenen Werk seinen Alltag als Geocacher in seiner bekannt humoristischen Art.

- Bernhard Hoëcker & Tobias Zimmermann: **Neues aus Geocaching**, 2013, traveldiary.de Reiseliteratur-Verlag, ISBN 978-3-94436529-9, € 9,95. In ihrem zweiten Werk spinnen Bernhard, Tobi und acht weitere Geocacher ihr Cachergarn rund um das schönste Hobby der Welt. In vielen der Geschichten wird sich so manch ein Cacher wiederfinden!
- Frank Trepte: **Oh nee Papa, nicht schon wieder Geocachen: Geocaching – Die verrückte Suche nach Dosen**, 2013, literates-Verlag, ISBN 978-3-94336017-2, € 12,99. Frank Trepte beschreibt in süffisanter Form das Verhältnis seiner Cacherkarriere zum Familienleben.
- Frank Trepte: **Geocaching – Die Welt der Dose**, 2014, literates-Verlag, ISBN 978-3-943-36044-8, € 12,99, Kindle-Edition € 9,49. In den 23 Geschichten seines zweiten Werkes erzählen zwei Mitautorinnen und Frank in einer erfrischenden Art und Weise, wie der öde Einkaufsbummel mit Dosen versüßt wird, die Junioren doch noch zur Dosensuche angestiftet werden, über den Kampf mit dem mobilen Internet und allerlei mehr, was wohl jeder Cacher schon einmal erlebt hat.
- Martina Leppert: **Das Geocachingbuch zur Bibel: 20 biblische Caches für Schatzsucher**, 2013, Born-Verlag, ISBN 978-3-870-92542-0, € 13,90
- Ursula Poznanski: **Fünf**, 2012, Wunderlich Verlag, ISBN 978-3-805-25031-3, € 14,95. Die Autorin, selbst Geocacherin, hat es geschafft, unser Hobby in einen spannenden Thriller zu verpacken. Die Rätsel und angegebenen Koordinaten lassen sich sauber nachvollziehen, sodass man einen besseren Bezug zu den Orten des Geschehens bekommt. Meiner Meinung nach ein Muss für jeden Geocacher!
- Melanie Lahmer: **Knochenfinder**, 2012, Bastei Lübbe, ISBN 978-3-404-16669-5, € 8,99. Dass Melanie Lahmer ebenfalls eine Cacherin ist, wird in der Umschreibung des Hobbys schnell klar. Spannend geschrieben, kommt der Regionalkrimi aus dem Siegerland ganz ohne Koordinaten aus.
- Sabine Hartmann: **Sechs, Sieben, Cache**, 2012, CW Niemeyer Verlag, ISBN 978-3-827-19457-2, € 9,95. Der Krimi spielt im Großraum Alfeld/Hildesheim. Die Autorin hat einen Teil der Handlungen in einen fiktiven Ort verlegt, was ihr den für diese Story notwendigen künstlerischen Freiraum verschafft.
- Gunnar Schuberth: **Todesfinal**, 2012, Sutton Verlag, ISBN 978-3-866-80866-9, € 12. Dieser regionale Krimi, der in und um Nürnberg spielt, ist in seiner Handlung so schön schräg, dass er eine willkommene Abwechslung zum abendlichen Mystery-Lösen darstellt.

- Michael Moritz: **Lost Place Vienna**, 2012, emons Verlag, ISBN 978-3-89705-902-3, € 10,90. Der Autor hat das Geocaching als Aufhänger für eine Story um Mafia und Korruption benutzt, die den Leser bis zuletzt an den Verstrickungen einzelner Personen rätseln lässt. Der aufmerksame Leser wird ein paar Wortlaute aus diesem Buch entdecken, dennoch wäre einiges mehr an Recherche in Sachen Geocaching ratsam gewesen, z. B. liegt eine Schlüsselkoordinate in meiner ehemaligen Homezone, nicht jedoch in Wien, wo der Krimi spielt …
- Sebastian Fitzek, Michael Tsokos: **Abgeschnitten**, 2012, Droemer Knaur Verlag, ISBN 978-3-426-19926-8, € 19,99. Angeregt durch einige Beiträge in Foren und Blogs zum Erscheinen von *Abgeschnitten* habe ich diesen hochspannenden Thriller, der ein gesellschaftlich brisantes Thema aufgreift, gelesen. Das einmalige Auftauchen einer Koordinate stellt für mich jedoch keinerlei Bezug zum Geocachen her! Dass die Jagd nach dem Täter einer Schnitzeljagd gleicht, ist bei vielen Kriminalromanen durchaus üblich, macht diese aber nicht automatisch zu einem Geocaching-Roman. Dennoch ist er absolut lesenswert!
- Axel Berger: **Der Fallensteller**, 2013, Schardt Verlag, ISBN 978-3-89841-742-2, € 9,80. Alex Berger ist es in diesem Oldenburg-Krimi gelungen, Geocaching spannend, aber anders als in den anderen Romanen einzubinden.
- Jule Blum & Elke Heinicke, **Auf der Spur**, 2014, konkursbuch, ISBN 978-3-887-69795-2, € 9,90, Kindle-Edition € 9,23. Die Buchhändlerin Marie wird unvermittelt aus ihrem ruhigen Leben gerissen, als sie einen anonymen Brief erhält. Mittels einer ans Geocaching angelehnten Schnitzeljagd beginnt für sie eine Reise durch ihre Vergangenheit und Familienverhältnisse. Unser Hobby ist sauber erklärt, jedoch würde ich es eher in die Richtung Beziehungsdrama einordnen.
- Kathrin Hanke & Claudia Kröger, **Heidegrab**, 2014, Gmeiner, ISBN 978-3-839-21597-5, € 11,99, Kindle-Edition € 9,99. In ihrem zweiten Fall in der Hansestadt Lüneburg kommt Katharina von Hagemann mit Geocaching in Berührung. Der Regionalkrimi fesselt von der ersten der 342 Seiten an und überrascht natürlich, wie sich das für einen guten Krimi gehört! Das Thema Geocaching selbst wird für Muggel verständlich erklärt, ist aber nicht derartig im Fokus wie z. B. bei „Fünf" (wo es ja kontroverseste Diskussionen gab). Der Krimi kommt auch ohne Koordinaten, aber mit guten Beschreibungen aus. Sehr zu empfehlen!
- Laura Wulff: **Leiden sollst Du**, 2013, Cora Verlag, ISBN 978-3-86278497-4, € 8,99
- Hans Moni & Simon Reinsch, **Tief im Hochwald**, 2013, CreateSpace Independent Publishing Platform, ISBN 978-3-954-51101-3, € 10,90

- Hans Rainer Riekers, **Die Nacht der Hexe**, 2014, CreateSpace Independent Publishing Platform, ISBN 978-1-505-26159-2, € 5,99
- Maria J. Pfannholz, **Waldherz: Jo Murmanns zweiter Fall**, 2015, Gmeiner-Verlag, ISBN: 978-3-839-21746-7, € 9,99
- Manuel Hilmer, **Abwege,** 2015, CreateSpace Independent Publishing Platform, ISBN: 978-1-517-24345-6, € 7,99
- Franziska Frey, **Fälle der Kommissarin Günnur Meier: Sein letzter Cache**, 2016, epubli, ISBN: 978-3-741-84230-6, € 10,99
- Andreas Schröfl, **Altherrenjagd: Der »Sanktus« muss ermitteln**, 2016, Gmeiner-Verlag, ISBN: 978-3-839-21923-2, € 12,00
- Dieter Krampe, **GEOCACHING**, 2015, epubli, ISBN: 978-3-737-54545-7, € 15,99
- Dieter Krampe, **GEOCACHING 2.0 – Der neue Freizeitpark in Oberstdorf**, 2016, epubli, ISBN: 978-3-737-54550-1, € 19,99
- Danise Juno, **Death Cache. Tödliche Koordinaten**, 2016, Acabus Verlag, ISBN: 978-3-862-82416-8, € 13,90
- Charly Essenwanger, **First to Find: Mord am Bärensee**, 2017, Books on Demand, ISBN: 978-3-743-19657-5, € 11,99
- Timo Neuhaus, **Nachtcache**, 2017, Independently published, ISBN: 978-1-973-49499-7, € 9,99
- Thomas Wenig, **Geocaching in die Vergangenheit**, 2017, Books on Demand, ISBN: 978-3-744-82314-2, € 13,99

Bücher für Kinder und Jugendliche

- Ramona Jakob: **Abenteuer Geocaching**, 2012, moses Verlag, ISBN 978-3-89777-647-0, € 12,95. Die Autorin hat das faszinierende Hobby kindgerecht aufbereitet. Wenn die jungen Schatzsucher dieses Buch gelesen haben, sind sie besser informiert als manch ein Smartphone-Gelegenheitscacher.
- Ramona Jakob & Heidemarie Brosche: **Rettet Pfotenglück!**, 2014, moses Verlag, ISBN 978-3-89777-772-9, € 9,95. In ihrem neuen Werk zum Thema Geocaching erzählen Ramona Jakob & Heidemarie Brosche die Geschichte um Anna aus Berlin und ihre neuen Freunde Max und Simon, die in den Ferien an einem Geocaching-Wettbewerb teilnehmen und dabei spannende Abenteuer erleben. Nachvollziehbare Rätsel, hintergeschaltete Homepage www.cache-kids.de und ein jugendgerechter Erzählstil aus zwei Perspektiven lassen das Buch zu einem Lesespaß werden. Hoffentlich der Auftakt zu einer ganzen Serie!

- Mira Solm: **Die drei !!! SOS per GPS**, 2013, Kosmos Verlag, ISBN 978-3-440-13648-5, € 8,99. Die Autorin hat den Krimi jugendgerecht anhand einer exklusiven Tour aufbereitet, spannend zu lesen und nur an einer Stelle aus Geocachersicht nicht ganz rund.
- Marco Sonnleitner: **Die drei ??? Der GPS-Gangster**, 2012, Kosmos Verlag, ISBN 978-3-440-12699-8, € 8,99. Die Story ist spannend und schlüssig, angegebene Koordinaten passen. Besonders schön für Einsteiger: Die verwendeten Rätsel werden gut erklärt. Absolut lesenswert!
- Manuel Andrack: **Cache! Wir finden ihn!**, mixtvision Verlag, ISBN 978-3-939-43539-6, nur noch gebraucht zu erstehen. Der erste Geocaching-Roman für Kinder aus dem Jahr 2009
- Susanne Orosz & Michael Bayer, **Schatzsucher mit GPS – Auf der Spur der Samurai**, Erika Klopp, ISBN 978-3-781-71504-2, aus dem Jahr 2011, nur noch gebraucht zu erstehen
- Susanne Orosz & Michael Bayer, **Schatzsucher mit GPS – Der geheimnisvolle Kunstraub**, Erika Klopp, ISBN 978-3-781-71505-9, aus dem Jahr 2011, nur noch gebraucht zu erstehen
- Susanne Orosz & Michael Bayer, **Schatzsucher mit GPS – Die Jagd nach den sieben Smaragden**, Erika Klopp, ISBN 978-3-781-71506-6, aus dem Jahr 2012, € 9,95
- Bettina Börgerding & Wenka von Mikulicz, **Bibi & Tina – Mädchen gegen Jungs**, 2015, Egmont Schneiderbuch, ISBN: 978-3-505-13872-0, € 9,99
- Philipp Grönenbacher, **Geocaching-Kids Allgäu: 1. Fall: Abenteuer pur!**, 2016, Books on Demand, ISBN: 978-3-741-26438-2, € 9,90
- Philipp Grönenbacher, **Geocaching-Kids Allgäu: 2. Fall: Kilroy was here!**, 2017, Books on Demand, ISBN: 978-3-744-81817-9, € 9,90
- Marco Rots, **Cache Hunters – Die Jagd nach den sieben Siegeln**, 2017, SCM R.Brockhaus, ISBN: 978-3-417-28773-8, € 12,95

GC-Slang

18 Sekunden: auch Normzeit genannt, wird seit Anfang 2007 bei Caches benutzt, die die Loggenden als sehr einfach empfunden haben

Abziehbildchen: meint das ⌲ Souvenir

AC (After Caching oder Abendcache): der gemütliche Besuch in einer Kneipe etc. nach dem Cachen bzw. eine Vorform des ⌲ Nachtcaches, der in der Dämmerung/Nacht gespielt werden sollte

Approver (Prüfer): veraltete Bezeichnung ☞ Reviewer
AWP (**A**dditional **W**ay**p**oint): zusätzlicher Wegepunkt, wie Parkmöglichkeiten, WCs oder Stationen von Multis
Beifund/Beifang (Fund, der nicht zum Cache gehört): neben Handys und Geldbörsen wurde auch schon Unterwäsche und vieles mehr beim Cachen entdeckt …
Besserversteckter: Cacher, der Caches „besser" versteckt, als er sie vorgefunden hat
Biltema: skandinavische Baumarktkette, meint ☞ Angel-Caches
BW: **B**uchstaben**w**ert, die Position des einzelnen Buchstabens im Alphabet, a=1, b=2, … z=26
BWW: **B**uchstaben**w**ort**w**ert, die Summe der Positionen der einzelnen Buchstaben eines Wortes
BYOB (**b**ring **y**our **o**wn **b**attery): bringe eine eigene Batterie, oft ein 9V-Block, mit
BYOP (**b**ring **y**our **o**wn **p**en): bringe einen eigenen Stift mit
CAB: **C**acher**a**uto**b**ahn, meint den Trampelpfad, der durch den Besuch an einem Cache entstanden ist oder das **C**aching**A**bschluss**B**ier = geselliges Ausklingen der Tour
Cachergarn: Geschichten rund ums Geocaching und die Beteiligten
Cartridge (Kassette): so wird die Datei mit den Spielinformationen für ☞ Wherigos genannt
CGA: **C**acher**g**rund**a**usstattung
CITO (**c**ache **i**n **t**rash **o**ut): Cache hinein, Müll hinaus, ☞ CITO-Event
COG (**C**acher **o**hne **G**ehirn): ein Cacher, der durch sein unüberlegtes/voreiliges Handeln Stationen von Caches oder den Cache selbst beschädigt oder zerstört
DFDC: **D**anke **f**ür **d**en **C**ache
DFDS: **D**anke **f**ür **d**en **S**chatz
DFDSP: **D**anke **f**ür **d**en **S**tatistik**p**unkt
disablen: Cache als „kurzfristig nicht verfügbar" markieren
discovern: Logtyp für auf z. B. auf Events gesehene TBs <42
discovermüde: wer keine TBs im Netz loggen mag
Discoverstress: wenn noch viele TBs geloggt werden müssen
DNF (**d**id **n**ot **f**ound): nicht gefunden
Down trade (Abwärtstausch): Tauschgegenstand im Cache gegen etwas Minderwertiges tauschen, **macht man nicht!**
Drive-In: schneller Cache, der u.U. aus dem Auto geloggt werden kann

Drop: ablegen eines TBs, einer Coin oder eines Jeeps in einem Cache
EC: ⮞ Earthcache
ECGA: ⮞ erweiterte Cachergrundausstattung
EFU: Erstfinder-Urkunde
enablen: Cache als „wieder verfügbar" markieren
FCOTW (famous cacher of the world): Weltberühmter Cacher
Faunz: ein anderer Ausdruck für gefundenen Cache – es handelt sich hier um einen Vorschlag einer Cachergruppe, das grammatikalisch falsche „**Founds**" zu ersetzen
Final (Finale, Ende): die letzte, finale Station eines Multi-Caches
Finds: Anzahl der gefundenen Caches
Fix: das GPS empfängt genügend Satelliten und hat mit diesen die Position ermittelt
Fotolog: ein Foto anstatt des Eintrags im Logbuch, wenn das Logbuch nicht mehr beschreibbar ist
Fremdcachen: wenn mit anderen Cachern außerhalb der „normalen" Gruppe gecacht wird
FTA (first to answer): als Erster geantwortet (oft auf eine Umfrage im grünen Forum)
FTD (first to discover): als Erster gesehen/geloggt bei TBs und Geocoins
FTDNF (first to did not find): Erster der eine Nicht-Fund geloggt hat ⮞ DNF
FTF (first to find / first time found): Erstfund/Erstfinder
FTFC (First to find certificate): Erstfinderurkunde
FTI (first to ignor): als Erster ignoriert – will sagen, dass man den Cache schlecht findet
FTL (first to log): als Erster geloggt
GC: ⮞ Geocaching.com
gemuggelt: entwendet, gestohlen, verschwunden
Geomuggle: Nicht-Geocacher
Geodepression: tritt auf, wenn nicht gecacht werden kann oder Caches archiviert werden
Geogroupie: Fan, Groupie
Geoeating: der kulinarische Hochgenuß während einer Geocaching-Tour
Geomüll: Reste von nicht mehr vorhandenen Caches, wie Dosen, Aufkleber, Reflektoren etc, die nicht wieder abgebaut/eingesammelt wurden

Geoquarken: für etwas Geocaching-spezifisches „Werbung" machen
Geospeak: anderer Ausdruck für den GC-Slang
Genusscacher: Cacher, der noch andere Hobbys außer Geocachen hat
GGGGG: **g**ekommen, **g**esucht, **g**efunden, **g**eloggt und **g**egangen
GHW: **g**efährliches **H**albwissen
GMV-Tool (**G**esunder**M**enschen**V**erstand): bedarf wohl keiner Erklärung
Goal (Ziel, Auftrag): bei Travel Bugs und Geocoins
Goodies: Tauschgegenstände
GPO (**G**eocache **P**ost **O**ffice): Geocache-Postamt, hier können Gegenstände hin gebracht werden, die eine richtige Adresse als Ziel haben
GPSr: GPS-Empfänger
GZ: **G**round **Z**ero, Zielgebiet
HCC: **H**ardcore-**C**acher/-**C**aching
HCV: **H**ardcore **V**ersion
Herforder Methode: einen Multi-Cache rückwärts suchen
Hint: Hinweis
hitchhiker: Anhalter, Travel Bug
HZ: **H**omezone, der Bereich ums eigene Heim, die Größe ist von Cacher zu Cacher unterschiedlich
ilsen: das „kleine Geschäft", angeregt durch das viele Grün beim Cachen in Wald und Wiese
JAFT (**J**ust **a**nother **f**ucking **t**ree): negative Umschreibung für einen Baumklettercache
ION (**i**n/**o**ut **n**othing): nichts getauscht
KOs: **K**o**o**rdinaten
LBM (**l**og **b**y **m**obil): mit Handy mobil vor Ort geloggt
logmüde: wer keine Logs im Netz schreiben mag
Logstress: wenn noch viele Caches online (nach)geloggt werden müssen
LP&LPC: gewöhnlich ist ein **L**ost **P**lace **C**ache gemeint, in einigen Regionen steht das Kürzel auch für **L**eit**p**lanken**c**ache, im englischsprachigen Raum auch für **L**amp **P**ost **C**ache, Caches in Laternenpfosten
LTF (**l**ast **t**o **f**ind): als Letzter gefunden
LTL (**l**ast **t**o **l**eave): Letzter, der einen Event verlassen hat
MC: ☞ **M**ystery-**C**ache
MDE: **m**ir **d**och **e**gal

MFZ: muggelfreie Zone
MM: Mystery-Muffel, Cacher, der keine Rätsel mag
MO&MOC (**M**embers **o**nly **C**ache): Cache, der nur von Premium-Mitgliedern gesucht werden kann
MoCache (**Mo**torradcache): Cache, der durch/für Biker gelegt wurde
Muggle: Nicht-Geocacher
Multi (**Multi**-Cache): Cache, der aus mehreren Stationen besteht
NA (**n**eeds **a**rchived): sollte archiviert werden
NC (**N**ight**c**ache): Nachtcache
NC: 👉 navicache.com
Newbie: Neuling, Anfänger
NM (**n**eeds **m**aintenance): benötigt Wartung
Normzeit: 👉 18 Sekunden
NRNR: **n**ichts **r**ein, **n**ichts **r**aus
NT (**n**o **t**rade): kein Tausch
OC: 👉 Opencaching.de
off: ungenaue Koordinaten bzw. Position
Owner (Eigentümer): derjenige, der den Cache versteckt hat
OX: **O**pencaching.com, Plattform von 2010 bis 2015
P&G (**p**ark and **g**rab): parken und finden
PAF (**p**hone **a** **f**riend): einen Freund(T]) anrufen
PITMON (**P**oint **i**n **t**he **m**iddle **o**f **n**owhere): Punkt (hier Cache) in der Mitte des Nirgendwo
Plus eins: außer den Statistikpunkt hat der Loggende zu dem Cache nicht mehr zu schreiben (wird negativ gesehen)
PMO (**P**remium **M**ember **O**nly): nur für die 👉 Premium Member (bezahlenden) Cacher
POI (**p**oint **o**f **i**ntrest): besonderer Punkt, dies können Sehenswürdigkeiten, Kirchen, etc. sein
Powertrail: 👉 eine Cacheserie, bei der es um das Finden von möglichst vielen Caches in möglichst kurzer Zeit geht
PQ (**P**ocket **Q**uery): GPX-Datei, die von Premium-Mitgliedern nach bestimmten Kriterien generiert werden kann
PSA: **p**ersönliche **S**chutz**a**usrüstung, Kletterausrüstung bei Klettercaches etc.

Publisher (Herausgeber): meint denjenigen, der Caches im Internet freischaltet (☞ Reviewer)

QS (Quer**s**umme): nicht immer ist klar, ob die Zahlen nur einmal oder bis auf eine einstelllige Zahl zusammengezählt werden müssen!

QTA (Question **t**o **a**nswer): Frage zu beantworten, bei einer Station eines Multi-Caches eine Art des ☞ AWP

Rating (Bewertung): Einstufung in die ☞ Schwierigkeitsgrade

Reviewer (Prüfer): er kontrolliert die Angaben zu einem Cache bevor er im Internet veröffentlicht wird.

Rudelcachen (Cachen in einer Gruppe): meist bei oder nach Events

Sachensuchgerät: GPS

SBA (should **b**e **a**rchived): sollte archiviert werden, gebräuchlicher ist ☞ NA

SC: **S**tatistik**c**acher

Seniorcacher: Geocacher, der die konspirativen Zeiten des Geocaching miterlebt hat

Signal: das Maskottchen von GC. Der Frosch mit der GPS-Antenne auf dem Kopf besucht gerne die großen Events in der ganzen Welt.

Signal bereist gerne Mega-Events in aller Welt

Signature Item: ein persönliches Markenzeichen, wie ein eigener Aufkleber, Pin, Token, Tag, Coin, Woodie etc.

Sissicacher: Geocacher, der sich nicht schmutzig machen will und oder an allem zu nörgeln hat

SOAM (Stage of a multicache): Station eines Multi-Caches, eine Art des ☞ AWP

Spoiler: Spielverderber, Hinweis

STA (second to answer): als zweiter geantwortet (oft auf eine Umfrage im *grünen Forum*)

Stage (Etappe): Station eines Multi-Caches

Stashnote: Hinweistext für Zufallsfinder, der in keinem Cache fehlen sollte

STF (second to find/second time found): Zweitfund/Zweitfinder

SWAG (stuff we all get): Sachen, die wir alle bekommen – bezeichnet Tand und Ramsch

T4$&T4T$ (thanks for the cache): Danke für den Cache

T5 (Terrain 5): höchste ☞ Geländewertung

TB: ☞ Travel Bug

Tagcacher: Cacher, der Nachtcaches am Tage sucht

Telefonjoker (fernmündlicher Hinweis): wenn es an einer Station oder einem Cache kein Weiterkommen mehr gibt, ist er oft der letzte Ausweg

TFC (thanks for cache): Danke für den Cache

TFH (thanks for hunting): Danke fürs Jagen

TFTC (thanks for the cache): Danke für den Cache

TFTE (thanks for the event): Danke für den Event

TFTH (thanks for the hunt): Danke für die Jagd

THX (thanks): Danke

THX4$ (thanks for the cache): Danke für den Cache

TJ: ☞ Telefonjoker

TNLN (took nothing, left nothing): nichts getauscht

TNLNJSL (took nothing, left nothing just signed logbook): nichts getauscht, nur geloggt

TNLNSL (took nothing, left nothing, signed logbook): nichts getauscht, nur geloggt

TNSL (took nothing, signed logbook): nichts genommen, nur geloggt

TOTT (Tools of the trade): die Werkzeuge, die zum Bergen des Caches benötigt werden

TOU (**t**erms **o**f **u**se): Nutzungsbedingungen
TPTB (**t**he **p**owers **t**hat **b**e): im englischsprachigen Groundspeak-Forum gebräuchliche Abkürzung für die „hohen Mächte", die hinter geocaching.com stehen, also *Jeremy Irish* und seine Mitarbeiter
Trackables: Gegenstände wie ☞ TBs oder Coins deren Weg im Internet nachvollzogen werden kann
Trade Item: Gegenstand, der getauscht werden kann
Trittbrettcacher: Nutznießer der Vorarbeit anderer Cacher
TSC: Tütensiff-Cache
TTA (**t**hird **t**o **a**nswer): Dritter geantwortet (oft auf eine Umfrage im *grünen Forum*)
TTF (**t**hird **t**o **f**ind / **t**hird **t**ime **f**ound): Drittfund/Drittfinder
UBC (**u**nterm **B**aum **C**ache): lieblos gelegter Cache im Wurzelwerk eines Baumes
UPR (**u**nnatural **p**ile of **r**ocks): unnatürlicher Steinhaufen, an dem das Versteck zu erkennen ist
UPS (**u**nnatural **p**ile of **s**ticks/**u**nusual **p**ositioned **s**tones): unnatürlicher Stockhaufen/unnatürlich hingelegter Stein, an dem das Versteck zu erkennen ist
Up trade (aufwärts Tausch): Tauschgegenstand im Cache gegen etwas Hochwertigeres tauschen
Urban Caching: Geocachen im städtischen/bewohnten Bereich
UVV (**U**nfallverhütungsvorschriften): meist bei körperlich etwas anspruchsvolleren Caches im Listing zu finden
VDFDC: **v**ielen **D**ank **f**ür **d**en **C**ache
VDFDD: **v**ielen **D**ank **f**ür **d**ie **D**ose
verbrennen: einen Cache so ungeschickt im Beisein fremder Menschen bergen, dass diese auf das Versteck aufmerksam werden und den Cache vernichten
WDKB: **W**issen, **d**as **k**einer **b**raucht (bei Mystery-Caches), was man zum Lösen benötigt und dann wieder vergessen kann
WIC (**w**orld **i**nfamous **c**acher): weltberüchtigter Cacher
WP (**w**ay**p**oint) bzw. **WPT**: Wegepunkt
XNSL (e**x**changed **n**othing **s**igned **l**og): nichts getauscht, nur geloggt
YAFT (**y**et **a**nother **f**...**t**ree): meint einen Baumcache wie bei ☞ JAFT
ZS: **Z**wischen**s**tation
Zugriff: wenn ein Hinweis oder Cache gefunden wurde

Anhang

Beifunde - was den Weg des Cachers kreuzt

Ver-/Entschlüsselungen

Cachergarn: Binär oder nicht

Es ist mal wieder einer dieser Tage, an denen schnell ein wenig Abwechslung her muss, also nach getaner Arbeit auf das Rad geschwungen, GPS eingeschaltet und los in den nahen Stadtpark. Der Leibniz-Tempel soll es heute werden, ein kurzer Multi. Die Beschreibung ist lange schon ausgedruckt und schlummert seither im Rucksack, den Hinweis, dass es etwas mit Leibniz zu tun hat, habe ich auch mal flüchtig gelesen – ja, Leibniz, das war einer der großen deutschen Denker, passt schon, und damit vergessen. Am Start angekommen werde ich auch sofort fündig.

1000011111, eine binäre Zahl, klar, erkenne ich sofort, aber was macht das in Dezimal? Mir fehlen die letzten drei Ziffern der Ost-Koordinate. Pech auch, hätte ich mich vorher informiert, dass Leibniz das binäre Zahlensystem erfunden hat, dann würde ich hier nicht ganz so ratlos rumstehen ... Also Handy gezückt und Thilo angerufen, der ist schließlich Programmierer und wird mir sicher weiterhelfen! Und beim nächsten Mal etwas besser vorbereiten ...

Gerade bei Mystery-Caches werden gern Verschlüsselungen, Rätsel und Logikaufgaben (wie bei Einstellungstests) unterschiedlichster Art verwendet, aber auch bei vielen anderen Caches kann das vorkommen. Unglücklich dran ist immer derjenige, der eine Beschreibung nicht vorher gelesen hat oder den passenden Schlüssel nicht zur Hand hat.

Diese Auswahl von gängigen Schlüsseln soll Ihnen helfen, auch auf weiter Flur eine Entschlüsselung vorzunehmen. Sie erhebt jedoch nicht den Anspruch auf Vollständigkeit!

Das kyrillische Alphabet (Russisch)

Die Schriftzeichen des kyrillischen Alphabetes finden auch immer häufiger Verwendung. Hier gilt zu beachten, dass einerseits die „richtigen" Namen wie in dem linken Teil, aber auch die Tastaturbelegung wie im rechten Teil zum Einsatz kommen.

☞

А	а	A		Ф	ф	A
Б	б	B		И	и	B
Ц	ц	C		С	с	C
Д	д	D		В	в	D
Е	е	E		У	у	E
Ф	ф	F		А	а	F
Г	г	G		П	п	G
Х	х	H		Р	р	H
И	и	I		Ш	ш	I
Й	й	J		О	о	J
К	к	K		Л	л	K
Л	л	L		Д	д	L
М	м	M		Ь	ь	M
Н	н	N		Т	т	N
О	о	O		Щ	щ	O
П	п	P		З	з	P
КВ	кв	Q		Й	й	Q
Р	р	R		К	к	R
С	с	S		Ы	ы	S
Т	т	T		Е	е	T
У	у	U		Г	г	U
Ф	ф	V		М	м	V
В	в	W		Ц	ц	W
КС	кс	X		Ч	ч	X
Ы	ы	Y		Я	я	Y
Ц	ц	Z		Н	н	Z

Е	е	Ä
Ё	ё	Ö
Ю	ю	Ü
З	з	ß

ROT-13

Das Alphabet wird um 13 Buchstaben verschoben (es ROTiert), so wird aus dem A ein N, aus dem N ein A usw. Die durchs Geocaching wohl am bekanntesten gewordene Caesar-Verschlüsselung (☞ Seite 167.)

A	B	C	D	E	F	G	H	I	J	K	L	M
N	O	P	Q	R	S	T	U	V	W	X	Y	Z

Das Morsealphabet

Auch das gute alte Morsealphabet erfreut sich zunehmender Beliebtheit:

A	._	N	_.
B	_...	O	___
C	_._.	P	.__.
D	_..	Q	__._
E	.	R	._.
F	.._.	S	...
G	__.	T	_
H	....	U	.._
I	..	V	..._
J	.___	W	.__
K	_._	X	_.._
L	._..	Y	_.__
M	__	Z	__..

0	_____	5	.....
1	.____	6	_....
2	..___	7	__...
3	...__	8	___..
4	...._	9	____.

Blindenschrift

Die Blindenschrift (auch *Braille*) wurde 1825 von Louis *Braille* entwickelt. Sie wird in sechs Punkten auf einem Raster aus zwei Punkten in der Breite und drei in der Höhe dargestellt.

Die Punkte werden wie folgt nummeriert:

obere Zeile mit	1 und 4
mittlere Zeile mit	2 und 5
untere Zeile mit	3 und 6

Die Ziffern werden mit den Zeichen der Buchstaben A bis J dargestellt. Daher wird den Zahlen zur besseren Unterscheidung das Zahlenzeichen (welches aus den Punkten 3, 4, 5 und 6 besteht) vorangestellt. Allerdings ist manchmal auch innerhalb der Ziffer der Punkt 6 angegeben. Hier ist ein wachsames Auge gefragt!

Handy

Wunderbar können Sie auch mit dem Handy verschlüsseln, schließlich ist ja fast jede Taste mit mehreren Buchstaben belegt.

Eine Koordinate zu entschlüsseln ist dann schon unangenehmer, da zu den verschiedenen Buchstaben, die immer wieder die gleiche Ziffer bezeichnen können, noch die Ziffern 0 und 1 kommen. So kann eine alphanumerische Verschlüsselung entstehen, die auf den ersten Blick sehr kompliziert ausschaut.

```
A, B, C    = 2
D, E, F    = 3
G, H, I    = 4
J, K, L    = 5
M, N, O    = 6
P, Q, R, S = 7
T, U, V    = 8
W, X, Y, Z = 9
```

Symbole der PC-Tastatur

Ebenfalls gerne genommen die Symbole über den Zahlen der Tastatur.

```
!  = 1
"  = 2
§  = 3
$  = 4
%  = 5
&  = 6
/  = 7
(  = 8
)  = 9
=  = 0
```

Telegrafenalphabet

Lange hatten sich die Menschen schon mit Rauch- und Feuerzeichen verständigt.

Während der französischen Revolution gelang es erstmals dem Techniker *Claude Chappe* eine praktikable Vorrichtung für optische Telegrafie zu entwickeln, mit der ganze Wörter und Sätze übertragen werden konnten.

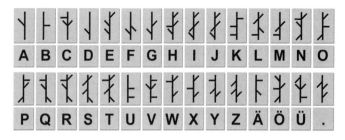

Auch die Preußen setzten eine Zeit lang die optische Telegrafie ein, natürlich mit einem eigenen Alphabet.

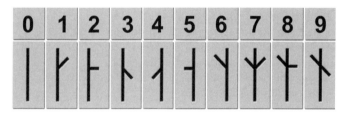

Weitere Verschlüsselungen mit dem Alphabet
Noch einige häufig verwendete Codierungen, mit denen z. B. Farben von Objekten in Zahlen umgewandelt werden können. Manchem Geocacher noch aus den YPS-Agenten-Zeiten bekannt, oder als Caesar-Verschlüsselung (erste Zeile und der untere Teil), wo das Alphabet um x Buchstaben verschoben wird.

☞ Tabelle im vorderen Innenumschlag

Römische Zahlen

Römische Zahlen werden gern als Verschlüsselung benutzt. Folgende Ziffern finden Verwendung:

I	V	X	L	C	D	M
1	5	10	50	100	500	1.000

Hierbei handelt es sich um ein sogenanntes Additionssystem, bei dem alle Ziffern von links nach rechts in absteigender Folge zusammengezählt werden.

Die klassische Anwendung der Ziffern, wie auch die Römer sie verwandt haben, erlaubt bis zu vier gleiche Ziffern nacheinander. Heute noch auf mancher Uhr zu bewundern, wo die vier als IIII dargestellt wird.

Seit dem Mittelalter ist die Subtraktions-Methode die gebräuchlichste, welche auch in unseren Schulen gelehrt wird. Hier dürfen maximal drei gleiche Ziffern nebeneinander benutzt werden. Eine kleine Ziffer vor einer größeren wird subtrahiert, als Beispiel wieder die vier, nun als IV dargestellt.

Das hört sich nun komplizierter an, als es ist. Anhand dieser Beispiele, sollten Sie jede Verschlüsselung lösen können:

I		=	1
II		=	2
III		=	3
IV	= IIII	=	4
V		=	5
VI		=	6
VII		=	7
VIII		=	8
IX	= VIIII	=	9
X		=	10
XI		=	11
XII		=	12
XIII		=	13
XIV	= XIIII	=	14
XV		=	15
XVI		=	16

XVII		=	17
XVIII		=	18
XIX	= XVIIII	=	19
XX		=	20
XXIII		=	23
XXIV	= XXIIII	=	24
XXVII		=	27
XXVIII		=	28
XXIX	= XXVIIII	=	29
XXX		=	30
XL	= XXXX	=	40
L		=	50
LIX	= LVIIII	=	59
LX		=	60
LXX		=	70
LXXX		=	80
XC	= LXXXX	=	90
C		=	100
CC		=	200
CCC		=	300
CD	= CCCC	=	400
D		=	500
DC		=	600
DCC		=	700
DCCC		=	800
CM	= DCCCC	=	900
M		=	1.000

Eine besondere Spielart mit römischen Zahlen sind Chronogramme. Dies sind Sätze, Inschriften, Verse o. Ä. die sich auf ein zeitlich festgelegtes Ereignis beziehen. Die in diesen Texten verwendeten römischen Zahlen ergeben addiert die Jahreszahl des entsprechenden Ereignisses. Oft sind die betreffenden Buchstaben durch z. B. Großschreibung hervorgehoben. Wichtig, hier können auch W und Y benutzt werden: W = V V = 5+5=10 und Y=I I= 1+1=2

Binäre Zahlen

Gerne werden bei Stationen von Multi-Caches binäre Zahlen (Dualzahlen) verwendet. Sie lassen sich sehr einfach darstellen, da nur zwei Symbole (daher dual) für die Zustände „an" (1) und „aus" (0) benötigt werden. Ist nun kein Umrechnungstool auf dem Smartphone dabei oder das Internet mal wieder nicht verfügbar, können Sie sich mit folgender Tabelle behelfen:

Stelle	10	9	8	7	6	5	4	3	2	1
Stellenwert	2^9	2^8	2^7	2^6	2^5	2^4	2^3	2^2	2^1	2^0
in Dezimal	512	256	128	64	32	16	8	4	2	1

Beispiel	1	0	1	1	0	0	0	1	0	1
Ergebnis 709	512	0	128	64	0	0	0	4	0	1

Die Dualzahl wird von rechts nach links eingetragen und bei jedem Feld, wo eine „1" steht, der entsprechende Dezimalwert aufnotiert. Dann werden alle ermittelten Dezimalwerte zusammengezählt und man erhält im Beispiel die 709.

Hexadezimale und binäre Zahlen

Eine weitere beliebte Methode ist das Verschlüsseln mit hexadezimalen oder binären Zahlen.

Ist die Umwandlung römischer Zahlen in dezimale Zahlen anhand weniger Regeln einfach zu handhaben, stellt sich die Umrechnung hexadezimaler Zahlen deutlich komplexer dar.

Wenn Sie ein Smartphone mit einem wissenschaftlichen Rechner haben, ist das Entschlüsseln kein Problem. Steht Ihnen diese Möglichkeit aber nicht zur Verfügung oder haben Sie nicht die passende Software installiert, hilft Ihnen die folgende Tabelle:

dezimal	hexa-dezimal	octal	binär	dezimal	hexa-dezimal	octal	binär
0	0	0	0	34	22	42	100010
1	1	1	1	35	23	43	100011
2	2	2	10	36	24	44	100100
3	3	3	11	37	25	45	100101
4	4	4	100	38	26	46	100110
5	5	5	101	39	27	47	100111
6	6	6	110	40	28	50	101000
7	7	7	111	41	29	51	101001
8	8	10	1000	42	2A	52	101010
9	9	11	1001	43	2B	53	101011
10	A	12	1010	44	2C	54	101100
11	B	13	1011	45	2D	55	101101
12	C	14	1100	46	2E	56	101110
13	D	15	1101	47	2F	57	101111
14	E	16	1110	48	30	60	110000
15	F	17	1111	49	31	61	110001
16	10	20	10000	50	32	62	110010
17	11	21	10001	51	33	63	110011
18	12	22	10010	52	34	64	110100
19	13	23	10011	53	35	65	110101
20	14	24	10100	54	36	66	110110
21	15	25	10101	55	37	67	110111
22	16	26	10110	56	38	70	111000
23	17	27	10111	57	39	71	111001
24	18	30	11000	58	3A	72	111010
25	19	31	11001	59	3B	73	111011
26	1A	32	11010	60	3C	74	111100
27	1B	33	11011	61	3D	75	111101
28	1C	34	11100	62	3E	76	111110
29	1D	35	11101	63	3F	77	111111
30	1E	36	11110	64	40	100	1000000
31	1F	37	11111	65	41	101	1000001
32	20	40	100000	66	42	102	1000010
33	21	41	100001	67	43	103	1000011

dezimal	hexa-dezimal	octal	binär	dezimal	hexa-dezimal	octal	binär
68	44	104	1000100	102	66	146	1100110
69	45	105	1000101	103	67	147	1100111
70	46	106	1000110	104	68	150	1101000
71	47	107	1000111	105	69	151	1101001
72	48	110	1001000	106	6A	152	1101010
73	49	111	1001001	107	6B	153	1101011
74	4A	112	1001010	108	6C	154	1101100
75	4B	113	1001011	109	6D	155	1101101
76	4C	114	1001100	110	6E	156	1101110
77	4D	115	1001101	111	6F	157	1101111
78	4E	116	1001110	112	70	160	1110000
79	4F	117	1001111	113	71	161	1110001
80	50	120	1010000	114	72	162	1110010
81	51	121	1010001	115	73	163	1110011
82	52	122	1010010	116	74	164	1110100
83	53	123	1010011	117	75	165	1110101
84	54	124	1010100	118	76	166	1110110
85	55	125	1010101	119	77	167	1110111
86	56	126	1010110	120	78	170	1111000
87	57	127	1010111	121	79	171	1111001
88	58	130	1011000	122	7A	172	1111010
89	59	131	1011001	123	7B	173	1111011
90	5A	132	1011010	124	7C	174	1111100
91	5B	133	1011011	125	7D	175	1111101
92	5C	134	1011100	126	7E	176	1111110
93	5D	135	1011101	127	7F	177	1111111
94	5E	136	1011110	128	80	200	10000000
95	5F	137	1011111	129	81	201	10000001
96	60	140	1100000	130	82	202	10000010
97	61	141	1100001	131	83	203	10000011
98	62	142	1100010	132	84	204	10000100
99	63	143	1100011	133	85	205	10000101
100	64	144	1100100	134	86	206	10000110
101	65	145	1100101	135	87	207	10000111

dezimal	hexa-dezimal	octal	binär	dezimal	hexa-dezimal	octal	binär
136	88	210	10001000	170	AA	252	10101010
137	89	211	10001001	171	AB	253	10101011
138	8A	212	10001010	172	AC	254	10101100
139	8B	213	10001011	173	AD	255	10101101
140	8C	214	10001100	174	AE	256	10101110
141	8D	215	10001101	175	AF	257	10101111
142	8E	216	10001110	176	B0	260	10110000
143	8F	217	10001111	177	B1	261	10110001
144	90	220	10010000	178	B2	262	10110010
145	91	221	10010001	179	B3	263	10110011
146	92	222	10010010	180	B4	264	10110100
147	93	223	10010011	181	B5	265	10110101
148	94	224	10010100	182	B6	266	10110110
149	95	225	10010101	183	B7	267	10110111
150	96	226	10010110	184	B8	270	10111000
151	97	227	10010111	185	B9	271	10111001
152	98	230	10011000	186	BA	272	10111010
153	99	231	10011001	187	BB	273	10111011
154	9A	232	10011010	188	BC	274	10111100
155	9B	233	10011011	189	BD	275	10111101
156	9C	234	10011100	190	BE	276	10111110
157	9D	235	10011101	191	BF	277	10111111
158	9E	236	10011110	192	C0	300	11000000
159	9F	237	10011111	193	C1	301	11000001
160	A0	240	10100000	194	C2	302	11000010
161	A1	241	10100001	195	C3	303	11000011
162	A2	242	10100010	196	C4	304	11000100
163	A3	243	10100011	197	C5	305	11000101
164	A4	244	10100100	198	C6	306	11000110
165	A5	245	10100101	199	C7	307	11000111
166	A6	246	10100110	200	C8	310	11001000
167	A7	247	10100111	201	C9	311	11001001
168	A8	250	10101000	202	CA	312	11001010
169	A9	251	10101001	203	CB	313	11001011

dezimal	hexa-dezimal	octal	binär	dezimal	hexa-dezimal	octal	binär
204	CC	314	11001100	238	EE	356	11101110
205	CD	315	11001101	239	EF	357	11101111
206	CE	316	11001110	240	F0	360	11110000
207	CF	317	11001111	241	F1	361	11110001
208	D0	320	11010000	242	F2	362	11110010
209	D1	321	11010001	243	F3	363	11110011
210	D2	322	11010010	244	F4	364	11110100
211	D3	323	11010011	245	F5	365	11110101
212	D4	324	11010100	246	F6	366	11110110
213	D5	325	11010101	247	F7	367	11110111
214	D6	326	11010110	248	F8	370	11111000
215	D7	327	11010111	249	F9	371	11111001
216	D8	330	11011000	250	FA	372	11111010
217	D9	331	11011001	251	FB	373	11111011
218	DA	332	11011010	252	FC	374	11111100
219	DB	333	11011011	253	FD	375	11111101
220	DC	334	11011100	254	FE	376	11111110
221	DD	335	11011101	255	FF	377	11111111
222	DE	336	11011110	256	100	400	100000000
223	DF	337	11011111	257	101	401	100000001
224	E0	340	11100000	258	102	402	100000010
225	E1	341	11100001	259	103	403	100000011
226	E2	342	11100010	260	104	404	100000100
227	E3	343	11100011	261	105	405	100000101
228	E4	344	11100100	262	106	406	100000110
229	E5	345	11100101	263	107	407	100000111
230	E6	346	11100110	264	108	410	100001000
231	E7	347	11100111	265	109	411	100001001
232	E8	350	11101000	266	10A	412	100001010
233	E9	351	11101001	267	10B	413	100001011
234	EA	352	11101010	268	10C	414	100001100
235	EB	353	11101011	269	10D	415	100001101
236	EC	354	11101100	270	10E	416	100001110
237	ED	355	11101101	271	10F	417	100001111

dezimal	hexa-dezimal	octal	binär	dezimal	hexa-dezimal	octal	binär
272	110	420	100010000	306	132	462	100110010
273	111	421	100010001	307	133	463	100110011
274	112	422	100010010	308	134	464	100110100
275	113	423	100010011	309	135	465	100110101
276	114	424	100010100	310	136	466	100110110
277	115	425	100010101	311	137	467	100110111
278	116	426	100010110	312	138	470	100111000
279	117	427	100010111	313	139	471	100111001
280	118	430	100011000	314	13A	472	100111010
281	119	431	100011001	315	13B	473	100111011
282	11A	432	100011010	316	13C	474	100111100
283	11B	433	100011011	317	13D	475	100111101
284	11C	434	100011100	318	13E	476	100111110
285	11D	435	100011101	319	13F	477	100111111
286	11E	436	100011110	320	140	500	101000000
287	11F	437	100011111	321	141	501	101000001
288	120	440	100100000	322	142	502	101000010
289	121	441	100100001	323	143	503	101000011
290	122	442	100100010	324	144	504	101000100
291	123	443	100100011	325	145	505	101000101
292	124	444	100100100	326	146	506	101000110
293	125	445	100100101	327	147	507	101000111
294	126	446	100100110	328	148	510	101001000
295	127	447	100100111	329	149	511	101001001
296	128	450	100101000	330	14A	512	101001010
297	129	451	100101001	331	14B	513	101001011
298	12A	452	100101010	332	14C	514	101001100
299	12B	453	100101011	333	14D	515	101001101
300	12C	454	100101100	334	14E	516	101001110
301	12D	455	100101101	335	14F	517	101001111
302	12E	456	100101110	336	150	520	101010000
303	12F	457	100101111	337	151	521	101010001
304	130	460	100110000	338	152	522	101010010
305	131	461	100110001	339	153	523	101010011

dezimal	hexadezimal	octal	binär	dezimal	hexadezimal	octal	binär
340	154	524	101010100	374	176	566	101110110
341	155	525	101010101	375	177	567	101110111
342	156	526	101010110	376	178	570	101111000
343	157	527	101010111	377	179	571	101111001
344	158	530	101011000	378	17A	572	101111010
345	159	531	101011001	379	17B	573	101111011
346	15A	532	101011010	380	17C	574	101111100
347	15B	533	101011011	381	17D	575	101111101
348	15C	534	101011100	382	17E	576	101111110
349	15D	535	101011101	383	17F	577	101111111
350	15E	536	101011110	384	180	600	110000000
351	15F	537	101011111	385	181	601	110000001
352	160	540	101100000	386	182	602	110000010
353	161	541	101100001	387	183	603	110000011
354	162	542	101100010	388	184	604	110000100
355	163	543	101100011	389	185	605	110000101
356	164	544	101100100	390	186	606	110000110
357	165	545	101100101	391	187	607	110000111
358	166	546	101100110	392	188	610	110001000
359	167	547	101100111	393	189	611	110001001
360	168	550	101101000	394	18A	612	110001010
361	169	551	101101001	395	18B	613	110001011
362	16A	552	101101010	396	18C	614	110001100
363	16B	553	101101011	397	18D	615	110001101
364	16C	554	101101100	398	18E	616	110001110
365	16D	555	101101101	399	18F	617	110001111
366	16E	556	101101110	400	190	620	110010000
367	16F	557	101101111	401	191	621	110010001
368	170	560	101110000	402	192	622	110010010
369	171	561	101110001	403	193	623	110010011
370	172	562	101110010	404	194	624	110010100
371	173	563	101110011	405	195	625	110010101
372	174	564	101110100	406	196	626	110010110
373	175	565	101110101	407	197	627	110010111

dezimal	hexa-dezimal	octal	binär	dezimal	hexa-dezimal	octal	binär
408	198	630	110011000	442	1BA	672	110111010
409	199	631	110011001	443	1BB	673	110111011
410	19A	632	110011010	444	1BC	674	110111100
411	19B	633	110011011	445	1BD	675	110111101
412	19C	634	110011100	446	1BE	676	110111110
413	19D	635	110011101	447	1BF	677	110111111
414	19E	636	110011110	448	1C0	700	111000000
415	19F	637	110011111	449	1C1	701	111000001
416	1A0	640	110100000	450	1C2	702	111000010
417	1A1	641	110100001	451	1C3	703	111000011
418	1A2	642	110100010	452	1C4	704	111000100
419	1A3	643	110100011	453	1C5	705	111000101
420	1A4	644	110100100	454	1C6	706	111000110
421	1A5	645	110100101	455	1C7	707	111000111
422	1A6	646	110100110	456	1C8	710	111001000
423	1A7	647	110100111	457	1C9	711	111001001
424	1A8	650	110101000	458	1CA	712	111001010
425	1A9	651	110101001	459	1CB	713	111001011
426	1AA	652	110101010	460	1CC	714	111001100
427	1AB	653	110101011	461	1CD	715	111001101
428	1AC	654	110101100	462	1CE	716	111001110
429	1AD	655	110101101	463	1CF	717	111001111
430	1AE	656	110101110	464	1D0	720	111010000
431	1AF	657	110101111	465	1D1	721	111010001
432	1B0	660	110110000	466	1D2	722	111010010
433	1B1	661	110110001	467	1D3	723	111010011
434	1B2	662	110110010	468	1D4	724	111010100
435	1B3	663	110110011	469	1D5	725	111010101
436	1B4	664	110110100	470	1D6	726	111010110
437	1B5	665	110110101	471	1D7	727	111010111
438	1B6	666	110110110	472	1D8	730	111011000
439	1B7	667	110110111	473	1D9	731	111011001
440	1B8	670	110111000	474	1DA	732	111011010
441	1B9	671	110111001	475	1DB	733	111011011

dezimal	hexa-dezimal	octal	binär	dezimal	hexa-dezimal	octal	binär
476	1DC	734	111011100	510	1FE	776	111111110
477	1DD	735	111011101	511	1FF	777	111111111
478	1DE	736	111011110	512	200	1000	1000000000
479	1DF	737	111011111	513	201	1001	1000000001
480	1E0	740	111100000	514	202	1002	1000000010
481	1E1	741	111100001	515	203	1003	1000000011
482	1E2	742	111100010	516	204	1004	1000000100
483	1E3	743	111100011	517	205	1005	1000000101
484	1E4	744	111100100	518	206	1006	1000000110
485	1E5	745	111100101	519	207	1007	1000000111
486	1E6	746	111100110	520	208	1010	1000001000
487	1E7	747	111100111	521	209	1011	1000001001
488	1E8	750	111101000	522	20A	1012	1000001010
489	1E9	751	111101001	523	20B	1013	1000001011
490	1EA	752	111101010	524	20C	1014	1000001100
491	1EB	753	111101011	525	20D	1015	1000001101
492	1EC	754	111101100	526	20E	1016	1000001110
493	1ED	755	111101101	527	20F	1017	1000001111
494	1EE	756	111101110	528	210	1020	1000010000
495	1EF	757	111101111	529	211	1021	1000010001
496	1F0	760	111110000	530	212	1022	1000010010
497	1F1	761	111110001	531	213	1023	1000010011
498	1F2	762	111110010	532	214	1024	1000010100
499	1F3	763	111110011	533	215	1025	1000010101
500	1F4	764	111110100	534	216	1026	1000010110
501	1F5	765	111110101	535	217	1027	1000010111
502	1F6	766	111110110	536	218	1030	1000011000
503	1F7	767	111110111	537	219	1031	1000011001
504	1F8	770	111111000	538	21A	1032	1000011010
505	1F9	771	111111001	539	21B	1033	1000011011
506	1FA	772	111111010	540	21C	1034	1000011100
507	1FB	773	111111011	541	21D	1035	1000011101
508	1FC	774	111111100	542	21E	1036	1000011110
509	1FD	775	111111101	543	21F	1037	1000011111

dezimal	hexadezimal	octal	binär	dezimal	hexadezimal	octal	binär
544	220	1040	1000100000	578	242	1102	1001000010
545	221	1041	1000100001	579	243	1103	1001000011
546	222	1042	1000100010	580	244	1104	1001000100
547	223	1043	1000100011	581	245	1105	1001000101
548	224	1044	1000100100	582	246	1106	1001000110
549	225	1045	1000100101	583	247	1107	1001000111
550	226	1046	1000100110	584	248	1110	1001001000
551	227	1047	1000100111	585	249	1111	1001001001
552	228	1050	1000101000	586	24A	1112	1001001010
553	229	1051	1000101001	587	24B	1113	1001001011
554	22A	1052	1000101010	588	24C	1114	1001001100
555	22B	1053	1000101011	589	24D	1115	1001001101
556	22C	1054	1000101100	590	24E	1116	1001001110
557	22D	1055	1000101101	591	24F	1117	1001001111
558	22E	1056	1000101110	592	250	1120	1001010000
559	22F	1057	1000101111	593	251	1121	1001010001
560	230	1060	1000110000	594	252	1122	1001010010
561	231	1061	1000110001	595	253	1123	1001010011
562	232	1062	1000110010	596	254	1124	1001010100
563	233	1063	1000110011	597	255	1125	1001010101
564	234	1064	1000110100	598	256	1126	1001010110
565	235	1065	1000110101	599	257	1127	1001010111
566	236	1066	1000110110	600	258	1130	1001011000
567	237	1067	1000110111	601	259	1131	1001011001
568	238	1070	1000111000	602	25A	1132	1001011010
569	239	1071	1000111001	603	25B	1133	1001011011
570	23A	1072	1000111010	604	25C	1134	1001011100
571	23B	1073	1000111011	605	25D	1135	1001011101
572	23C	1074	1000111100	606	25E	1136	1001011110
573	23D	1075	1000111101	607	25F	1137	1001011111
574	23E	1076	1000111110	608	260	1140	1001100000
575	23F	1077	1000111111	609	261	1141	1001100001
576	240	1100	1001000000	610	262	1142	1001100010
577	241	1101	1001000001	611	263	1143	1001100011

dezimal	hexa-dezimal	octal	binär	dezimal	hexa-dezimal	octal	binär
612	264	1144	1001100100	646	286	1206	1010000110
613	265	1145	1001100101	647	287	1207	1010000111
614	266	1146	1001100110	648	288	1210	1010001000
615	267	1147	1001100111	649	289	1211	1010001001
616	268	1150	1001101000	650	28A	1212	1010001010
617	269	1151	1001101001	651	28B	1213	1010001011
618	26A	1152	1001101010	652	28C	1214	1010001100
619	26B	1153	1001101011	653	28D	1215	1010001101
620	26C	1154	1001101100	654	28E	1216	1010001110
621	26D	1155	1001101101	655	28F	1217	1010001111
622	26E	1156	1001101110	656	290	1220	1010010000
623	26F	1157	1001101111	657	291	1221	1010010001
624	270	1160	1001110000	658	292	1222	1010010010
625	271	1161	1001110001	659	293	1223	1010010011
626	272	1162	1001110010	660	294	1224	1010010100
627	273	1163	1001110011	661	295	1225	1010010101
628	274	1164	1001110100	662	296	1226	1010010110
629	275	1165	1001110101	663	297	1227	1010010111
630	276	1166	1001110110	664	298	1230	1010011000
631	277	1167	1001110111	665	299	1231	1010011001
632	278	1170	1001111000	666	29A	1232	1010011010
633	279	1171	1001111001	667	29B	1233	1010011011
634	27A	1172	1001111010	668	29C	1234	1010011100
635	27B	1173	1001111011	669	29D	1235	1010011101
636	27C	1174	1001111100	670	29E	1236	1010011110
637	27D	1175	1001111101	671	29F	1237	1010011111
638	27E	1176	1001111110	672	2A0	1240	1010100000
639	27F	1177	1001111111	673	2A1	1241	1010100001
640	280	1200	1010000000	674	2A2	1242	1010100010
641	281	1201	1010000001	675	2A3	1243	1010100011
642	282	1202	1010000010	676	2A4	1244	1010100100
643	283	1203	1010000011	677	2A5	1245	1010100101
644	284	1204	1010000100	678	2A6	1246	1010100110
645	285	1205	1010000101	679	2A7	1247	1010100111

dezimal	hexa-dezimal	octal	binär	dezimal	hexa-dezimal	octal	binär
680	2A8	1250	1010101000	714	2CA	1312	1011001010
681	2A9	1251	1010101001	715	2CB	1313	1011001011
682	2AA	1252	1010101010	716	2CC	1314	1011001100
683	2AB	1253	1010101011	717	2CD	1315	1011001101
684	2AC	1254	1010101100	718	2CE	1316	1011001110
685	2AD	1255	1010101101	719	2CF	1317	1011001111
686	2AE	1256	1010101110	720	2D0	1320	1011010000
687	2AF	1257	1010101111	721	2D1	1321	1011010001
688	2B0	1260	1010110000	722	2D2	1322	1011010010
689	2B1	1261	1010110001	723	2D3	1323	1011010011
690	2B2	1262	1010110010	724	2D4	1324	1011010100
691	2B3	1263	1010110011	725	2D5	1325	1011010101
692	2B4	1264	1010110100	726	2D6	1326	1011010110
693	2B5	1265	1010110101	727	2D7	1327	1011010111
694	2B6	1266	1010110110	728	2D8	1330	1011011000
695	2B7	1267	1010110111	729	2D9	1331	1011011001
696	2B8	1270	1010111000	730	2DA	1332	1011011010
697	2B9	1271	1010111001	731	2DB	1333	1011011011
698	2BA	1272	1010111010	732	2DC	1334	1011011100
699	2BB	1273	1010111011	733	2DD	1335	1011011101
700	2BC	1274	1010111100	734	2DE	1336	1011011110
701	2BD	1275	1010111101	735	2DF	1337	1011011111
702	2BE	1276	1010111110	736	2E0	1340	1011100000
703	2BF	1277	1010111111	737	2E1	1341	1011100001
704	2C0	1300	1011000000	738	2E2	1342	1011100010
705	2C1	1301	1011000001	739	2E3	1343	1011100011
706	2C2	1302	1011000010	740	2E4	1344	1011100100
707	2C3	1303	1011000011	741	2E5	1345	1011100101
708	2C4	1304	1011000100	742	2E6	1346	1011100110
709	2C5	1305	1011000101	743	2E7	1347	1011100111
710	2C6	1306	1011000110	744	2E8	1350	1011101000
711	2C7	1307	1011000111	745	2E9	1351	1011101001
712	2C8	1310	1011001000	746	2EA	1352	1011101010
713	2C9	1311	1011001001	747	2EB	1353	1011101011

dezimal	hexa-dezimal	octal	binär	dezimal	hexa-dezimal	octal	binär
748	2EC	1354	1011101100	782	30E	1416	1100001110
749	2ED	1355	1011101101	783	30F	1417	1100001111
750	2EE	1356	1011101110	784	310	1420	1100010000
751	2EF	1357	1011101111	785	311	1421	1100010001
752	2F0	1360	1011110000	786	312	1422	1100010010
753	2F1	1361	1011110001	787	313	1423	1100010011
754	2F2	1362	1011110010	788	314	1424	1100010100
755	2F3	1363	1011110011	789	315	1425	1100010101
756	2F4	1364	1011110100	790	316	1426	1100010110
757	2F5	1365	1011110101	791	317	1427	1100010111
758	2F6	1366	1011110110	792	318	1430	1100011000
759	2F7	1367	1011110111	793	319	1431	1100011001
760	2F8	1370	1011111000	794	31A	1432	1100011010
761	2F9	1371	1011111001	795	31B	1433	1100011011
762	2FA	1372	1011111010	796	31C	1434	1100011100
763	2FB	1373	1011111011	797	31D	1435	1100011101
764	2FC	1374	1011111100	798	31E	1436	1100011110
765	2FD	1375	1011111101	799	31F	1437	1100011111
766	2FE	1376	1011111110	800	320	1440	1100100000
767	2FF	1377	1011111111	801	321	1441	1100100001
768	300	1400	1100000000	802	322	1442	1100100010
769	301	1401	1100000001	803	323	1443	1100100011
770	302	1402	1100000010	804	324	1444	1100100100
771	303	1403	1100000011	805	325	1445	1100100101
772	304	1404	1100000100	806	326	1446	1100100110
773	305	1405	1100000101	807	327	1447	1100100111
774	306	1406	1100000110	808	328	1450	1100101000
775	307	1407	1100000111	809	329	1451	1100101001
776	308	1410	1100001000	810	32A	1452	1100101010
777	309	1411	1100001001	811	32B	1453	1100101011
778	30A	1412	1100001010	812	32C	1454	1100101100
779	30B	1413	1100001011	813	32D	1455	1100101101
780	30C	1414	1100001100	814	32E	1456	1100101110
781	30D	1415	1100001101	815	32F	1457	1100101111

dezimal	hexa-dezimal	octal	binär	dezimal	hexa-dezimal	octal	binär
816	330	1460	1100110000	850	352	1522	1101010010
817	331	1461	1100110001	851	353	1523	1101010011
818	332	1462	1100110010	852	354	1524	1101010100
819	333	1463	1100110011	853	355	1525	1101010101
820	334	1464	1100110100	854	356	1526	1101010110
821	335	1465	1100110101	855	357	1527	1101010111
822	336	1466	1100110110	856	358	1530	1101011000
823	337	1467	1100110111	857	359	1531	1101011001
824	338	1470	1100111000	858	35A	1532	1101011010
825	339	1471	1100111001	859	35B	1533	1101011011
826	33A	1472	1100111010	860	35C	1534	1101011100
827	33B	1473	1100111011	861	35D	1535	1101011101
828	33C	1474	1100111100	862	35E	1536	1101011110
829	33D	1475	1100111101	863	35F	1537	1101011111
830	33E	1476	1100111110	864	360	1540	1101100000
831	33F	1477	1100111111	865	361	1541	1101100001
832	340	1500	1101000000	866	362	1542	1101100010
833	341	1501	1101000001	867	363	1543	1101100011
834	342	1502	1101000010	868	364	1544	1101100100
835	343	1503	1101000011	869	365	1545	1101100101
836	344	1504	1101000100	870	366	1546	1101100110
837	345	1505	1101000101	871	367	1547	1101100111
838	346	1506	1101000110	872	368	1550	1101101000
839	347	1507	1101000111	873	369	1551	1101101001
840	348	1510	1101001000	874	36A	1552	1101101010
841	349	1511	1101001001	875	36B	1553	1101101011
842	34A	1512	1101001010	876	36C	1554	1101101100
843	34B	1513	1101001011	877	36D	1555	1101101101
844	34C	1514	1101001100	878	36E	1556	1101101110
845	34D	1515	1101001101	879	36F	1557	1101101111
846	34E	1516	1101001110	880	370	1560	1101110000
847	34F	1517	1101001111	881	371	1561	1101110001
848	350	1520	1101010000	882	372	1562	1101110010
849	351	1521	1101010001	883	373	1563	1101110011

dezimal	hexa-dezimal	octal	binär	dezimal	hexa-dezimal	octal	binär
884	374	1564	1101110100	918	396	1626	1110010110
885	375	1565	1101110101	919	397	1627	1110010111
886	376	1566	1101110110	920	398	1630	1110011000
887	377	1567	1101110111	921	399	1631	1110011001
888	378	1570	1101111000	922	39A	1632	1110011010
889	379	1571	1101111001	923	39B	1633	1110011011
890	37A	1572	1101111010	924	39C	1634	1110011100
891	37B	1573	1101111011	925	39D	1635	1110011101
892	37C	1574	1101111100	926	39E	1636	1110011110
893	37D	1575	1101111101	927	39F	1637	1110011111
894	37E	1576	1101111110	928	3A0	1640	1110100000
895	37F	1577	1101111111	929	3A1	1641	1110100001
896	380	1600	1110000000	930	3A2	1642	1110100010
897	381	1601	1110000001	931	3A3	1643	1110100011
898	382	1602	1110000010	932	3A4	1644	1110100100
899	383	1603	1110000011	933	3A5	1645	1110100101
900	384	1604	1110000100	934	3A6	1646	1110100110
901	385	1605	1110000101	935	3A7	1647	1110100111
902	386	1606	1110000110	936	3A8	1650	1110101000
903	387	1607	1110000111	937	3A9	1651	1110101001
904	388	1610	1110001000	938	3AA	1652	1110101010
905	389	1611	1110001001	939	3AB	1653	1110101011
906	38A	1612	1110001010	940	3AC	1654	1110101100
907	38B	1613	1110001011	941	3AD	1655	1110101101
908	38C	1614	1110001100	942	3AE	1656	1110101110
909	38D	1615	1110001101	943	3AF	1657	1110101111
910	38E	1616	1110001110	944	3B0	1660	1110110000
911	38F	1617	1110001111	945	3B1	1661	1110110001
912	390	1620	1110010000	946	3B2	1662	1110110010
913	391	1621	1110010001	947	3B3	1663	1110110011
914	392	1622	1110010010	948	3B4	1664	1110110100
915	393	1623	1110010011	949	3B5	1665	1110110101
916	394	1624	1110010100	950	3B6	1666	1110110110
917	395	1625	1110010101	951	3B7	1667	1110110111

dezimal	hexa-dezimal	octal	binär	dezimal	hexa-dezimal	octal	binär
952	3B8	1670	1110111000	977	3D1	1721	1111010001
953	3B9	1671	1110111001	978	3D2	1722	1111010010
954	3BA	1672	1110111010	979	3D3	1723	1111010011
955	3BB	1673	1110111011	980	3D4	1724	1111010100
956	3BC	1674	1110111100	981	3D5	1725	1111010101
957	3BD	1675	1110111101	982	3D6	1726	1111010110
958	3BE	1676	1110111110	983	3D7	1727	1111010111
959	3BF	1677	1110111111	984	3D8	1730	1111011000
960	3C0	1700	1111000000	985	3D9	1731	1111011001
961	3C1	1701	1111000001	986	3DA	1732	1111011010
962	3C2	1702	1111000010	987	3DB	1733	1111011011
963	3C3	1703	1111000011	988	3DC	1734	1111011100
964	3C4	1704	1111000100	989	3DD	1735	1111011101
965	3C5	1705	1111000101	990	3DE	1736	1111011110
966	3C6	1706	1111000110	991	3DF	1737	1111011111
967	3C7	1707	1111000111	992	3E0	1740	1111100000
968	3C8	1710	1111001000	993	3E1	1741	1111100001
969	3C9	1711	1111001001	994	3E2	1742	1111100010
970	3CA	1712	1111001010	995	3E3	1743	1111100011
971	3CB	1713	1111001011	996	3E4	1744	1111100100
972	3CC	1714	1111001100	997	3E5	1745	1111100101
973	3CD	1715	1111001101	998	3E6	1746	1111100110
974	3CE	1716	1111001110	999	3E7	1747	1111100111
975	3CF	1717	1111001111	1000	3E8	1750	1111101000
976	3D0	1720	1111010000				

Zahlen der Maya

Eine weitere Variante ist die Darstellung der Zahlen im Zwanziger-System der Maya. Entstanden ist es durch die Zuhilfenahme von Fingern und Zehen, wobei ein Punkt (Finger/Zehe) jeweils eins bedeutet und wenn fünf (eine Hand/Fuß) erreicht sind, diese fünf mit einem Strich symbolisiert/gerechnet werden.

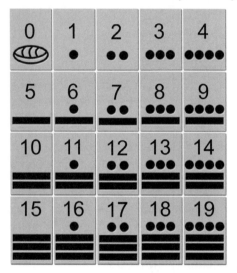

Digitale Uhr

Mit den Siebensegment-Anzeigen, wie sie auf Digitaluhren oft genutzt werden, können ebenfalls Zahlen dargestellt werden. Natürlich nicht nur so wie wir sie sowieso immer lesen können, sondern invers, es werden also die Elemente dargestellt, die üblicherweise nicht beleuchtet sind.

Oder in Buchstaben, denn jedem Element ist ein Buchstabe zugeordnet, so kann z. B. die sieben als a b c dargestellt werden.

Ohne Buchstaben geht das auch anhand der Richtung (oben, unten, rechts und links oder den Himmelsrichtungen Norden, Osten, Süden und Westen), einfach Schreibmaterial nehmen und zeichnen r u u, wie rechts, unten, unten und schon wieder die Sieben.

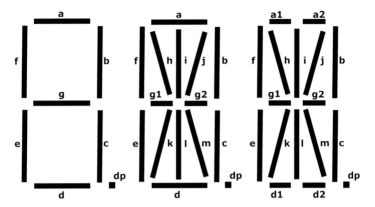

... und es gibt nicht nur die Siebensegmentanzeige ... auch die Vierzehn- und Sechzehnsegmentanzeige!

Analoge Uhr
Mit den Zeigern, auch nur mit dem Stundenzeiger, einer analogen Uhr lassen sich gut die Ziffern 1 bis 12 darstellen. Dies kann in Form einer „normalen" Uhr, aber auch nur in Form von Pfeilen/Zeigern oder Strichen vorkommen. Beide Zeiger werden auch gerne mal anstelle der Figuren des Winkeralphabetes benutzt.

Fox-Code
Das Alphabet in einem 3x9 Raster aufgeteilt. Zurückzuführen ins graue Mittelalter. Fox deshalb, weil die Buchstaben in der Spalte 6 stehen und so die Zahl des Antichristen 666 bilden.

Im ursprünglichen Gebrauch wird nicht die Zeile mit zur Ver-/Entschlüsselung herangezogen, sodass bei Nutzung der Spalten ein größerer Interpretationsspielraum gegeben ist. So ergibt „Cache" dann „3 1 3 8 5". Zieht man jedoch die Zeile hinzu, schreibt sich „Cache" dann „13 11 13 18 15".

	1	2	3	4	5	6	7	8	9
1	A	B	C	D	E	F	G	H	I
2	J	K	L	M	N	O	P	Q	R
3	S	T	U	V	W	X	Y	Z	

Polybius-Code

Ist zurückzuführen auf den griechischen Gelehrten Polybius (ca. 200-120 v.Chr.), der diese Art der Verschlüsselung erstmals beschrieben hat.

Das Alphabet aufgeteilt in ein 5x5 Raster exklusive J, da es im Deutschen selten verwendet wird. Kommt es doch einmal vor, wird es durch das I ersetzt. Dieses 5x5 Raster kann natürlich auch mit dem Alphabet rückwärts oder zusätzlich mit einem beliebigen Codewort gefüllt werden. Zu berücksichtigen ist lediglich, dass jeder Buchstabe nur einmal im Raster vorkommen darf, um falsche Interpretationen zu vermeiden.

Verschlüsselt nach Zeile und Spalte, „Cache" schreibt sich in dieser einfachen Variante dann „13 11 13 23 15".

	1	2	3	4	5
1	A	B	C	D	E
2	F	G	H	I	K
3	L	M	N	O	P
4	Q	R	S	T	U
5	V	W	X	Y	Z

Fingeralphabet

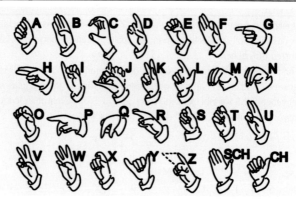

Winkeralphabet

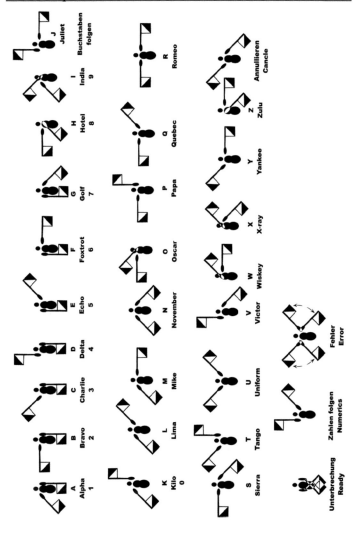

Freimaurer Variante 1

Freimaurer Variante 2

Runen

Mit den Runen finden Sie eine weitere oft verwendete Verschlüsselung. Hier ist das Futhark (der Name setzt sich aus den sechs ersten Buchstaben zusammen) dargestellt. Dies sind die ältesten bekannten Runen und können somit als Basis bezeichnet werden.

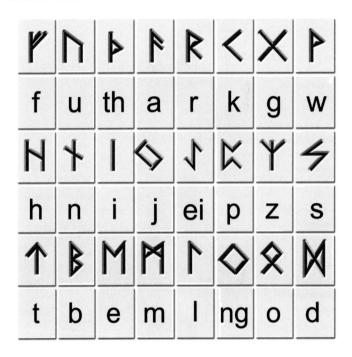

Periodensystem

Zur Erinnerung noch etwas aus der Schulzeit. Das Periodensystem der Elemente aus den Chemiestunden:

☞ folgende Seiten

Periode	1 I	2 II	3 IIIb	4 IVb	5 Vb
	1 1 H				
Name	Wasserstoff				
Atomgewicht g/mol	1,00794				
Schmelztemperatur °C	-259,14				
Siedetemperatur °C	-252,87				
	2 3 Li	4 Be			
Name	Lithium	Beryllium			
Atomgewicht g/mol	6,941	9,012182			
Schmelztemperatur °C	180,54	1278			
Siedetemperatur °C	1342	2970			
	3 11 Na	12 Mg			
Name	Natrium	Magnesium			
Atomgewicht g/mol	22,98977	24,305			
Schmelztemperatur °C	97,72	648,8			
Siedetemperatur °C	883	1090			
	4 19 K	20 Ca	21 Sc	22 Ti	23 V
Name	Kalium	Calcium	Scandium	Titan	Vanadium
Atomgewicht g/mol	39,0983	40,078	44,95591	47,867	50,9415
Schmelztemperatur °C	63,38	839	1539	1660	1910
Siedetemperatur °C	744	1484	2832	3260	3407
	5 37 Rb	38 Sr	39 Y	40 Zr	41 Nb
Name	Rubidium	Strontium	Yttium	Zirkonium	Niob
Atomgewicht g/mol	85,4678	87,62	88,90585	91,224	92,90638
Schmelztemperatur °C	39,31	769	1523	1852	2468
Siedetemperatur °C	688	1384	3337	4377	4927
	6 55 Cs	56 Ba	57-71	72 Hf	73 Ta
Name	Cäsium	Barium	Lathanoide	Hafnium	Tantal
Atomgewicht g/mol	132,90545	137,327		178,49	180,9479
Schmelztemperatur °C	28,44	725		2233	2996
Siedetemperatur °C	671	1640		4603	5425
	7 87 Fr	88 Ra	89-103	104 Rf	105 Db
Name	Francium	Radium	Actinoide	Rutherfordium	Dubnium
Atomgewicht g/mol	223	226,0254		261,1	262,1
Schmelztemperatur °C	27	700			
Siedetemperatur °C	677	1140			

Anhang

6 VIb	7 VIIb	8	9 VIIIb	10	11 Ib	12 IIb	Schale
							K

Fortsetzung nächste Seite

L

M

Cr om 51,9961 1857 2671	25 Mn Mangan 54,938049 1244 2097	26 Fe Eisen 55,847 1535 2750	27 Co Kobalt 58,9332 1495 2870	28 Ni Nickel 58,6934 1453 2732	29 Cu Kupfer 63,546 1083 2595	30 Zn Zink 65,38 419,53 907	N
Mo ybdän 95,94 2617 5560	43 Tc Technetium 98,9 2172 5030	44 Ru Ruthenium 101,07 2310 3900	45 Rh Rhodium 102,9055 1966 3727	46 Pd Palladium 106,42 1552 3140	47 Ag Silber 107,8682 961,9 2212	48 Cd Cadmium 112,411 321,07 765	O
W lfram 183,84 3407 5927	75 Re Rhenium 186,207 3180 5627	76 Os Osmium 190,23 3045 5027	77 Ir Iridium 192,222 2410 4130	78 Pt Platin 195,09 1772 3827	79 Au Gold 196,96655 1064,4 2940	80 Hg Quecksilber 200,59 -38,83 356,6	P
Sg aborgium 3,1-266	107 Bh Bohrium 262,1229	108 Hs Hassium 265	109 Mt Meitnerium 266	110 Ds Darmstadtium 269	111 Rg Roentgenium 272	112 Uub Ununbium 277	Q

Anhang

Periode	13 III	14 IV	15 V	16 VI	17 VII	18 VIII	Sch...
1						2 He	K
Name						Helium	
Atomgewicht g/mol						4,002602	
Schmelztemperatur °C						-272,2	
Siedetemperatur °C						-268,934	
2	5 B	6 C	7 N	8 O	9 F	10 Ne	L
Name	Bor	Kohlenstoff	Stickstoff	Sauerstoff	Fluor	Neon	
Atomgewicht u	10,811	12,011	14,0067	15,9994	18,9984032	20,1797	
Schmelztemperatur °C	2300	3550	-209,9	-218,3	-219,62	-248,59	
Siedetemperatur °C	2550	4827	-195,79	-182,96	-188,12	-246,08	
3	13 Al	14 Si	15 P	16 S	17 Cl	18 Ar	M
Name	Aluminium	Silizium	Phosphor	Schwefel	Chlor	Argon	
Atomgewicht g/mol	26,981538	28,0855	30,973761	32,065	35,453	39,948	
Schmelztemperatur °C	660,5	1410	44,2	113	-101,5	-189,2	
Siedetemperatur °C	2467	2355	280	444,72	-34,04	-185,8	
4	31 Ga	32 Ge	33 As	34 Se	35 Br	36 Kr	N
Name	Gallium	Germanium	Arsen	Selen	Brom	Krypton	
Atomgewicht g/mol	69,723	72,64	74,9216	78,96	79,904	83,798	
Schmelztemperatur °C	29,76	937,4	817	217	-7,3	-156,6	
Siedetemperatur °C	2403	2830	614	685	58,78	-152,3	
5	49 In	50 Sn	51 Sb	52 Te	53 I	54 Xe	O
Name	Indium	Zinn	Antimon	Tellur	Iod	Xenon	
Atomgewicht g/mol	114,818	118,71	121,76	127,6	126,90447	131,293	
Schmelztemperatur °C	156,2	231,93	630,63	449,51	113,7	-111,9	
Siedetemperatur °C	2080	2270	1750	990	184,3	-107	
6	81 Tl	82 Pb	83 Bi	84 Po	85 At	86 Rn	P
Name	Thallium	Blei	Bismut	Polonium	Astat	Radon	
Atomgewicht g/mol	204,3833	207,2	208,98038	208,9	209,9	222	
Schmelztemperatur °C	303,6	327,46	271,3	254	302	-71	
Siedetemperatur °C	1457	1740	1560	962	337	-61,7	
7	113 Uut	114 Uuq	115 Uup	116 Uuh	117 Uus	118 Uuo	Q
Name	Ununtrium	Ununquadium	Ununpentium	Ununhexium	Ununseptium	Ununoctium	
Atomgewicht g/mol	284	289	288	292		294	
Schmelztemperatur °C							
Siedetemperatur °C							

Nebengruppen

Lanthanoide	57 La	58 Ce	59 Pr	60 Nd	61 Pm
Name	Lanthan	Cer	Praseodym	Neodym	Promethium
Atomgewicht u	138,9055	140,116	140,90765	144,24	146,9
Schmelztemperatur °C	920	798	931	1010	1080
Siedetemperatur °C	3454	3257	3212	3127	2730
Actinoide	89 Ac	90 Th	91 Pa	92 U	93 Np
Name	Actinium	Thorium	Protactinium	Uran	Neptunium
Atomgewicht u	227,0278	232,0381	231,03588	238,02891	237,0482
Schmelztemperatur °C	1047	1750	1554	1132,2	640
Siedetemperatur °C	3197	4787	4030	3818	3902

Lanthanoide	62 Sm	63 Eu	64 Gd	65 Tb	66 Dy
Name	Samarium	Europium	Gadolinium	Terbium	Dysprosium
Atomgewicht u	150,36	151,964	157,25	158,92534	162,5
Schmelztemperatur °C	1072	822	1311	1360	1409
Siedetemperatur °C	1778	1597	3233	3041	2335
Actinoide	94 Pu	95 Am	96 Cm	97 Bk	98 Cf
Name	Plutonium	Americium	Curium	Berkelium	Californium
Atomgewicht u	244	243	247	247	251
Schmelztemperatur °C	641	994	1340	986	900
Siedetemperatur °C	3327	2607	3110		

Lanthanoide	67 Ho	68 Er	69 Tm	70 Yb	71 Lu
Name	Holmium	Erbium	Thulium	Ytterbium	Lutetium
Atomgewicht u	164,93032	167,259	168,9324	173,04	174,967
Schmelztemperatur °C	1470	1522	1545	824	1656
Siedetemperatur °C	2720	2510	1727	1193	3315
Actinoide	99 Es	100 Fm	101 Md	102 No	103 Lr
Name	Einsteinium	Fermium	Mendelevium	Nobelium	Lawrencium
Atomgewicht u	252	257	258	259,1	260,1
Schmelztemperatur °C	860	1527	827	827	
Siedetemperatur °C					

Flaggencode

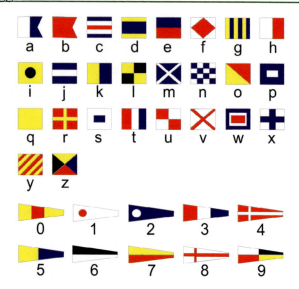

Reißzwecken

Sie werden bevorzugt in Wandergebieten eingesetzt. Angebracht an einer Infotafel oder hölzernen Schildern fallen sie niemandem auf.

Die Hinweise können dann einfach über die Anzahl oder Farbe ermittelt werden, (was grundsätzlich mit jedem Gegenstand möglich ist) z. B. steht rot für Süden und grün für Norden. Wenn Sie also auf eine rote Reißzwecke treffen, wissen Sie, dass nun der Weg nach Süden richtig ist. Die Informationen über die Bedeutung von Anzahl oder Farben sind aus dem Listing oder Hinweisen der vorherigen Stationen ersichtlich.

Stammtöne und Notennamen

In der Musik gibt es 7 sog. Stammtöne (dem Laien als Noten bekannt) die mit Buchstaben benamt wurden: **C, D, E, F, G, A** und **H** diese lassen sich natürlich mittels Position im Alphabet (☞ Slang, Buchstabenwert) in Zahlen umwandeln – also aufgepasst bei Melodien und Notenfolgen!

Perlenketten

Großer Beliebtheit erfreut sich auch eine Kette mit Perlen in verschiedenen Farben. Hier wird jede Ziffer der Koordinaten in einer anderen Farbe aufgefädelt.

Als Beispiel N55° 24.321 E009° 45.123. Sie beginnen mit fünf Perlen in einer beliebigen Farbe, dann fünf weitere in einer anderen Farbe, zwei in der nächsten Farbe, vier wieder in einer anderen Farbe und so weiter. Am Knoten beginnt bzw. endet die Koordinate.

So entsteht eine Kette, wie sie jedes Kind gern auch mal verliert. Um einen Weidezaun oder Baum gehangen, nimmt niemand Notiz davon! Sie können natürlich auch andere Zahlen oder Buchstaben in dieser Art verschlüsseln.

ASCII-Codes

Eine weitere beliebte Methode der Verschlüsselung ist der American Standards Code for Information Interchange, kurz ASCII. Allerdings ist hier eine gewisse Vorsicht angeraten. Lediglich bei den Zeichen 32 bis 127, die in der ersten Tabelle dargestellt sind, ist sich die Welt einig! Bei den in der zweiten Tabelle aufgeführten Zeichen und Symbolen handelt es sich um eine der „gebräuchlicheren" Varianten. Viele PDAs, Smartphones, und Betriebssysteme stellen diese Zeichen anders dar ...

☞ folgende Seiten

dez	hex	symbol	dez	hex	symbol	dez	hex	symbol
32	20	Leerzeichen	64	40	@	96	60	`
33	21	!	65	41	A	97	61	a
34	22	"	66	42	B	98	62	b
35	23	#	67	43	C	99	63	c
36	24	$	68	44	D	100	64	d
37	25	%	69	45	E	101	65	e
38	26	&	70	46	F	102	66	f
39	27	'	71	47	G	103	67	g
40	28	(	72	48	H	104	68	h
41	29	)	73	49	I	105	69	i
42	2A	*	74	4A	J	106	6A	j
43	2B	+	75	4B	K	107	6B	k
44	2C	,	76	4C	L	108	6C	l
45	2D	-	77	4D	M	109	6D	m
46	2E	.	78	4E	N	110	6E	n
47	2F	/	79	4F	O	111	6F	o
48	30	0	80	50	P	112	70	p
49	31	1	81	51	Q	113	71	q
50	32	2	82	52	R	114	72	r
51	33	3	83	53	S	115	73	s
52	34	4	84	54	T	116	74	t
53	35	5	85	55	U	117	75	u
54	36	6	86	56	V	118	76	v
55	37	7	87	57	W	119	77	w
56	38	8	88	58	X	120	78	x
57	39	9	89	59	Y	121	79	y
58	3A	:	90	5A	Z	122	7A	z
59	3B	;	91	5B	[	123	7B	{
60	3C	<	92	5C	\	124	7C	|
61	3D	=	93	5D	]	125	7D	}
62	3E	>	94	5E	^	126	7E	~
63	3F	?	95	5F	_	127	7F	Löschen

dez	hex	symbol	dez	hex	symbol	dez	hex	symbol	dez	hex	symbol
128	80	Ç	160	A0	á	192	C0	└	224	E0	a
129	81	ü	161	A1	í	193	C1	┴	225	E1	ß
130	82	é	162	A2	ó	194	C2	┬	226	E2	G
131	83	â	163	A3	ú	195	C3	├	227	E3	p
132	84	ä	164	A4	ñ	196	C4	─	228	E4	S
133	85	à	165	A5	Ñ	197	C5	┼	229	E5	s
134	86	å	166	A6	ª	198	C6	╞	230	E6	µ
135	87	ç	167	A7	º	199	C7	╟	231	E7	t
136	88	ê	168	A8	¿	200	C8	╚	232	E8	F
137	89	ë	169	A9	⌐	201	C9	╔	233	E9	T
138	8A	è	170	AA	¬	202	CA	╩	234	EA	O
139	8B	ï	171	AB	½	203	CB	╦	235	EB	d
140	8C	î	172	AC	¼	204	CC	╠	236	EC	∞
141	8D	ì	173	AD	¡	205	CD	═	237	ED	f
142	8E	Ä	174	AE	«	206	CE	╬	238	EE	e
143	8F	Å	175	AF	»	207	CF	╧	239	EF	n
144	90	É	176	B0	░	208	D0	╨	240	F0	≡
145	91	æ	177	B1	▒	209	D1	╤	241	F1	±
146	92	Æ	178	B2	▓	210	D2	╥	242	F2	≥
147	93	ô	179	B3	│	211	D3	╙	243	F3	≤
148	94	ö	180	B4	┤	212	D4	Ô	244	F4	⌠
149	95	ò	181	B5	╡	213	D5	F	245	F5	⌡
150	96	û	182	B6	╢	214	D6		246	F6	÷
151	97	ù	183	B7	╖	215	D7	╫	247	F7	≈
152	98	ÿ	184	B8	╕	216	D8	╪	248	F8	≈
153	99	Ö	185	B9	╣	217	D9	┘	249	F9	·
154	9A	Ü	186	BA	║	218	DA	┌	250	FA	·
155	9B	¢	187	BB	╗	219	DB	█	251	FB	√
156	9C	£	188	BC	╝	220	DC	▄	252	FC	n
157	9D	¥	189	BD	╜	221	DD	▌	253	FD	²
158	9E	P	190	BE	╛	222	DE	▐	254	FE	■
159	9F	ƒ	191	BF	┐	223	DF	▀	255	FF	

Tangram

Hinweise oder Koordinaten auf das Tangram geschrieben, welches wieder richtig zusammengelegt werden muss – und wer kennt das nicht, ein Teil bleibt immer übrig …

Mit den Teilen eines Tangrams lassen sich allerdings auch noch viele andere schöne Formen legen!

Codesonne

Sie wird häufig bei Caches benötigt, die erfundene Kriminalfälle zum Thema haben, wie bei den CSI-Caches. Wenn Sie sich jetzt nur noch dunkel an die Schul- oder Studienzeit erinnern, hier eine kurze Anleitung für den Umgang mit der Codesonne:

Die genetische Information ist in der Basenabfolge der DNA codiert. Als Basen kommen in der DNA Adenin (A), Guanin (G), Cytosin (C) und Thymin (T) vor. Damit mit nur 4 Basen das gesamte Spektrum von 20 Aminosäuren codiert werden kann, sind 3 Basen zu einem Triplet oder Codon zusammengefasst. Die Art und Reihenfolge der Basen innerhalb des Triplets codiert die entsprechende Aminosäure. Da mit 4 Basen 64 Dreier-Kombinationen/Triplets möglich sind, gibt es mehr Kombinationen als unterschiedliche Aminosäuren. Daher gibt es Aminosäuren, die von mehr als einem Triplet codiert werden.

Die Aminosäuren werden aber nicht direkt anhand der DNA-Vorlage zusammengebaut. Die DNA wird zunächst in Boten-RNA umgeschrieben. Dabei wird

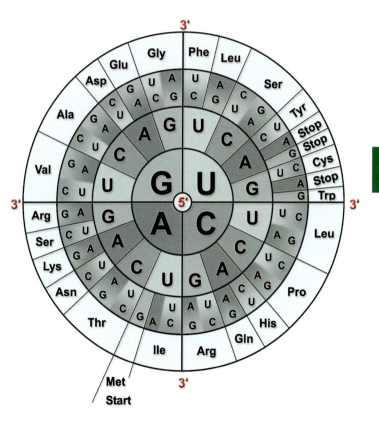

statt Thymin (T) Uracil (U) eingebaut. Diese Boten-RNA wird dann Base für Base vom sogenannten 5'-Ende abgelesen. Steht da z. B. AUUCCGAGU ergeben sich folgende Triplets: AUU CCG AGU. Zum „Entschlüsseln" wählen Sie den ersten Buchstaben eines Triplets (bei „AUU" das A) im inneren Kreis der Codesonne. Daran anschließend wählen Sie innerhalb des durch den ersten Buchstaben vorgegebenen Segments im 2. Kreis das „U", dann den 3. Buchstaben im 3. Kreis und sind dann im äußeren Feld, in dem die Aminosäure steht (bei AUU ist das Isoleucin, kurz Ile).

U entspricht also T – in der DNA gibt es T, in der RNA U, für die Codesonne ist das aber eigentlich egal, die beiden sind im Prinzip austauschbar.

Farbkennung von Widerständen

Die Kennungen von Widerständen eignen sich ebenfalls für verschiedenste Verschlüsselungen. Die ersten beiden Farbringe ergeben entsprechende Zahlenwerte, der dritte ist der Multiplikator, gibt also „die Anzahl der Nullen" an. Der vierte Ring (ist räumlich etwas von den anderen abgesetzt) in silber oder gold gibt die Toleranz an. An ihm erkennen Sie auch, ob sie den Widerstand richtig herum lesen (von links nach rechts).

Bei Widerständen mit fünf oder sechs Ringen geben die ersten drei Ringe die Zahlenwerte an. Der fünfte Ring für die Toleranz und der sechste für den Temperaturkoeffizienten können andere Farben wie gold und silber haben – werden aber beim Geocachen selten verbaut.

Etwas einfacher können Sie sich das ganze durch die Mitnahme eines einfachen ☞ Multimeters gestalten.

Farbe	Abkürzung	Ziffer	Multiplikator
schwarz	BK	0	1
braun	BN	1	10
rot	RD	2	100
orange	OG	3	1.000
gelb	YE	4	10.000
grün	GN	5	100.000
blau	BU	6	1.000.000
violett	VT	7	10.000.000

grau	GY	8	100.000.000
weiß	WH	9	1.000.000.000
silber	SR		0,01
gold	GD		0,1

Umrechnungskurse des Euro

Hier nun etwas Gebräuchlicheres aus jüngerer Vergangenheit. Die Umrechnungskurse zum Euro: 1 € entsprechen bzw. entsprachen:

40,3399	Belgischer Franc
1,95583	Deutsche Mark
5,94573	Finnische Mark
6,55957	Französischer Franc
0,787564	Irisches Pfund
1936,27	Italienische Lira
40,3399	Luxemburgischer Franc
2,20371	Niederländischer Gulden
13,7603	Österreichischer Schilling
200,482	Portugiesischer Escudo
166,386	Spanische Peseta

Umrechnung Maße

Ebenfalls gern genommen: die Umrechnung von verschiedenen Maßen:

1 Inch	2,54 cm
1 Fuß	30,48 cm
1 Yard	0,9144 m
1 Meile	1,609 km
1 nautische Meile	1,852 km
1 Grain	0,0648 g
1 Karat	0,2 g
1 Unze	28,35 g
1 Pfund lb	0,4536 kg
1 ton (short)	907,185 kg
1 ton (long)	1.016,05 kg

UK

fluid ounce	28,413 ml
glass	0,071033 l
gill	0,142065 l
pint	0,56826 l
quart	1,13652 l
gallon	4,54609 l
barrel	159,113 l

US

fluid ounce	29,573529562500 ml
gill	0,118294118250 l
pint	0,473176473 l
quart	0,946352946 l
gallon	3,785411784 l
barrel	158,987294928 l

Konstanten

Ebenfalls immer wieder anzutreffen sind Zahlenkombinationen, die multipliziert oder dividiert durch eine Konstante zu einem „sinnvollen" Ergebnis bzw. zu einer Koordinate werden. Hier eine hierzulande anzutreffende Auswahl, beginnend mit mathematischen Konstanten:

pi, Π	Archimedes-Konstante	Verhältnis Umfang zum Durchmesser eines Kreises	3,141592653589793
e	Eulersche Zahl	Basis des natürlichen Logarithmus	2,718281828459045
Natürlicher Logarithmus von 2			0,693147180559945
Natürlicher Logarithmus von 10			2,302585092994046
Konstanter Logarithmus von 2			1,442695040888963
Konstanter Logarithmus von 10			0,434294481903251
$\sqrt{0,5}$	Quadratwurzel von 0,5		0,707106781186547
$\sqrt{2}$	Konstante von Pythagoras, Quadratwurzel von 2		1,414213562373095

$\sqrt{3}$	Konstante von Theodorus, Quadratwurzel von 3	1,732050807568877
Goldener Schnitt		1,618033988749895
Absoluter Nullpunkt	0 K (Kelvin), entspricht	−273,15°C

Quick-Links

Hier finden Sie noch einige Links zu den Themen Software, Entschlüsselungen sowie einige Homepages, auf denen Sie spezielles Equipment beziehen können. Natürlich gibt es weitaus mehr Software, die zum Geocachen geeignet ist, als die hier aufgeführte. Sehr gute Beschreibungen zu speziellen Softwaretools finden Sie im *grünen Forum*.

Plattformen und deren Service

- www.geocaching.com, blog.geocaching.com, wiki.groundspeak.com, labs.geocaching.com, status.geocaching.com
- www.geocaching.de
- www.navicache.com
- www.opencaching.de, blog.opencaching.de, forum.opencaching.de, wiki.opencaching.de
- www.groundspeak.com, wo zusätzlich die Services www.waymarking.com und www.wherigo.com angeboten werden

Blogs, Foren, Podcasts und weiterführende Infos zum Geocaching

- www.brillig.com/geocaching; Karten mit den Caches von navicache
- www.cachewiki.de; Geocacher-Slang und vieles mehr
- www.cachies.de; die lustigen Filmdosen aus dem Buch *Geocaching III*
- www.dosenfischer.de; **die Band** der deutschen Geocaching-Szene
- www.gc-reviewer.de; die Seite der deutschen Reviewer mit den aktuellen Guidelines von GC
- forums.geocaching.com/GC/; die Foren von *Groundspeak Inc.*
- www.geoclub.de; das grüne Forum
- www.geocaching-magazin.com; die deutschsprachige Zeitschrift für Cacher

- www.gocacher.de; viele aktuelle Infos rund ums Cachen nebst kostenlosem Print-Magazin
- www.mixitv.de; hilfreiche Videos
- www.reviewer.at; die Seite der österreichischen Reviewer
- www.stash-lab.de; viele interessante Infos aus dem Prüflabor
- www.swissgeocache.ch; Infos aus der Schweiz

In der Welt der Geocacher wird neben dem Austausch in diversen Gruppen in den sozialen Medien wie Facebook auch unheimlich viel gebloggt, es gibt viele Podcasts und es werden Videos auf YouTube eingestellt. Hier herrscht allerdings ein ständiges Kommen und Gehen – einen aktuellen Überblick der aktiven Blogs gibt es bei:

- www.dosendetektiv.de/gc-blog-aggregator/
- www.gcblogs.de
- news.gcffm.de

Bei den Podcasts verhält es sich ähnlich ... und so ist ein Besuch im grünen Forum, wo unter forum.geoclub.de/viewtopic.php?f=104&t=58783 eine Liste der Podcast gepflegt wird, angeraten. Hier finden sich allerhand (auch historische) Podcasts, die in unterschiedlichen Formaten viele Themen, die die Cacher-Welt bewegen, darbieten.

Die zur Drucklegung aktiven und wohl am häufigsten gehörten (in alphabetischer Reihenfolge) sind zu finden unter:

- www.cachefrequenz.de
- www.cachekompott.de
- www.anchor.fm/cacher-reisen; Geocaching in 100 Sekunden
- www.geocoinstammtisch.eu
- www.geogedoens.de
- www.podkst.de

Weiterführende Infos zum Thema GPS

- forum.garmin.de; Forum rund um die GPSr von Garmin
- www.gps.de; Garmins Blog rund um GPS, Navigation und Sport
- www.gps-forum.net bzw. www.gps-treffpunkt.de; Forum zum Thema GPS
- www.gpsradler.de; grundlegende GPS-Infos

- forum.pocketnavigation.de; Forum zu vielen Fragen rund um GPS und Co.
- www.kowoma.de; weitere Info rund ums GPS
- www.magellanboard.de; Forum rund um Magellan-GPS
- www.naviboard.de; weiteres GPS-Forum
- www.okmap.org; HP zum Erstellen von Rasterkarten
- wiki.openstreetmap.org/wiki/DE:Lowrance_Endura; Karten auf OSM-Basis für *Lowrance*-GPS
- wiki.openstreetmap.org/wiki/Magellan; OSM-Karten für *Magellan*-GPS
- wiki.openstreetmap.org/wiki/DE:OSM_Map_On_Garmin/Download; OSM-Karten für *Garmin*-GPS

Online-Shops für Geocacher

Deutschland

- www.adventure-caching.de
- www.bundeszeugkammer.de
- www.cache-corner.de bzw.
- www.cache-inn.de
- www.cacher-shop.de
- www.coinschmiede.de
- www.geocaching-center.com bzw.
- www.geocachingshop.de bzw.
- www.geoversand24.de
- www.laserbu.de
- www.laserontop.de
- www.lost-place-shop.de
- www.mygeocoin.de bzw.
- www.lostplaces4thekingz.de
- www.cacher-zentrale.de
- www.cacherklamotten.de
- www.cachers-world.de
- www.cache-kontor.de
- www.gcinfo.de
- www.cachezone-buxtehude.de
- www.geocoinshop.de
- www.mrcache.de
- www.geocoindealer.de
- www.laserlogoshop.com
- institut.eventcache.de
- www.cachessoires.de
- www.mypersonalgeocoin.de
- www.tftc-shop.de

Österreich

- www.dosen-futter.com
- www.cache-corner.de

Schweiz

- www.cacherstore-and-more.ch
- www.geo-discount.ch
- shop.desiweb.ch
- www.geocacheshop.ch
- www.paravan.ch

Lampen, Magnete, Stempel & Co.

- www.flashlightshop.de; Online-Shop für Taschenlampen
- www.geocaching-stempel.com; Stempel für Geocacher
- www.geostempel.de; noch mehr Stempel
- www.easystempel.de; individuelle Stempel
- www.laserbu.de; hier können Token jeglicher Art be- und ausgelasert werden
- www.laserlogoshop.com; beim Laser-Papst können Token be- und ausgelasert sowie bedruckt werden
- www.laserontop.com; ein weiterer Tokenanbieter
- www.ledlenser.com; Taschenlampen von *LED LENSER* von *Zweibrüder Optolelectronics GmbH*
- www.magnet-shop.net; Online-Shop für Magnete
- www.nextorch.de; Online-Shop für Taschen- und Stirnlampen
- www.night-power.de; Online-Shop für Taschenlampen „made in Germany"
- www.nitecore.de; ein weiterer Hersteller von Taschenlampen
- www.novacache.de; Online-Shop für reaktive Schaltungen
- www.pixxass.de; Online-Shop für Kameras und Taschenlampen
- www.supermagnete.de; Online-Shop für Magnete
- www.stelog.de; Online-Shop für Stempel aller Art
- www.stempelplattform.de; weitere individuelle Stempel
- www.taschenlampen-papst.de; Online-Shop für Taschenlampen
- www.taschenlampen-tests.de; Tests von dem Lampen-Papst
- www.vistaprint.de; einer der größten Shops für Stempel
- www.voicemodul.de; Elektronik für Caches

Geocaching spezifische Services und Online-Tools

- www.bessercacher.de; eine Plattform wo besonders tolle Caches aufgelistet werden
- www.cachelabel-generator.de; Generator für Aufkleber
- www.cacher-reisen.de; Gruppenreisen für Geocacher
- www.cacherstats.com; Ranking aller Geocacher
- www.cachestation.de; viele Beispiele über Elektronik beim Cachen
- www.clayjar.com/gcrs; englischsprachiges Online-Tool zum Raten der Caches
- www.code-knacker.de; viele Ver- und Entschlüsselungen
- www.encyklia.de/Postbox; der mobile Briefkasten
- fbcs.bplaced.net/multi_encoder_decoder.html; Tool zum Ver- und Entschlüsseln

- www.flopp-caching.de; interaktive Karte mit grafischer Darstellung von Annäherungsalarmen, Naturschutzgebieten und Kreisgrenzen u. v. m.
- www.gc.de/gc; diverse Tools zum Dechiffrieren
- www.gccheck.com; eine Seite, um Koordinaten von Mystery-Caches auf Richtigkeit zu überprüfen
- gcarchiv.schlado.de; hier können archivierte Caches (u. v. m.) angezeigt werden
- www.gclogbuch.de; freie Logbuchvorlagen
- www.GCticker.de; ein Zeckenzähler ;-)
- www.gcvote.de; eine Erweiterung, mit vollständiger Integration bei GC zum Bewerten von Caches
- www.gcffm.de/konvertieren.html; verschiedene Tools zum Konvertieren und Listing-Generator
- www.geocheck.org; eine Seite, um Koordinaten von Mystery-Caches auf Richtigkeit zu überprüfen
- www.geochecker.com; die bekannteste Seite, um Koordinaten von Mystery-Caches auf Richtigkeit zu überprüfen
- www.geocache-planer.de; ein Kalender zum Einbinden in Cache-Listings, Checker und viele weitere Services
- geocaching.dennistreysa.de/multisolver; hilfreiche Tools zum Lösen von Mysterys
- geocaching.hardlink.de/tools; Buchstabenwortwerte (☞ Slang) ermitteln
- www.geopin-wiki.de; das Wiki rund um den Geopin
- www.github.com/RoffelKartoffel/cmanager/releases; der CM-Manager gleicht Logs von GC und OC ab
- www.gps-cache.de/geocaching/mystery-master/mysterymaster-mobil.htm; diverse Tools zum Dechiffrieren
- www.hilftdirweiter.de; Tipps und Links, die das Cacherleben erleichtern
- www.lug-walsrode.de/gc/; PDA- und handyfreundliche Online-Tools
- www.mietzecacher.de; die Seite mit den Geocaching-Comics
- www.myGeoDB.de; eine Datenbank zur Verwaltung von Trackables
- www.OpenStreetMap.org; kostenloses Kartenmaterial, hier können auch Tracks und Wegepunkte „gespendet" werden
- www.project-gc.com; DIE Seite für Freunde der Statistiken über Cacher und Caches auf GC
- www.rudelcaching.de; Eventkalender mit Umkreissuche und weitere Tools

- www.saarfuchs.com/mysteryhilfen/mysteryhilfen-meine-grosse-linkliste; viele Tools und ein interessanter Blog
- wiki.ssoca.eu; umfangreiches Wiki rund um die Geocoins
- tools.team-hildesheim.de; verschiedenste Online-Tools für den Einsatz mit mobilen Geräten
- www.streiter.de; Infos zu Coins, Woodies, etc. und Links vom Team Compubaer
- www.tb-run.com; die Seite, um TB-Rennen zu organisieren und zu verwalten
- www.TBScan.com; App zum Scannen und einfachen Loggen von TBs für *Android* und *iOS*
- www.token-wiki.com; umfangreiches Wiki rund um die beliebten Geotoken

Weitere Online-Tools

- www.absv.de/dein-name-blindenschrift; Blindenschrift konvertieren
- www.arndt-bruenner.de/mathe/scripts/Zahlensysteme.htm; Zahlensysteme umrechnen
- www.attotron.com/cybertory/analysis/trans.htm; konvertieren von DNA und RNA
- www.cryptool-online.org; viele Tools zum Dechiffrieren
- www.deine-berge.de/Rechner/Koordinaten; Umrechner für Koordinatenformate
- www.diaware.de; hier finden Sie die Regeln der römischen Zahlen nebst einem Online-Umrechner und weiterführenden mathematischen Informationen
- exif.regex.info/exif.cgi; Exif-Daten-Reader
- www.fakoo.de/braille/braille-decoder.html, Blindenschrift decodieren
- kirste.userpage.fu-berlin.de/chemistry/general/units.html; diverse Einheiten umrechnen
- www.kreuzwort-raetsel.net/sudoku.html; Online-Sudoku-Generator mit der Möglichkeit, das Spiel aufzulösen
- magiceye.ecksdee.co.uk; magische Bilder ver- und entschlüsseln
- www.periodensystem.info; Infos zu den chemischen Elementen
- www.raetselverzeichnis.de; Vorlagen und Ideen für verschiedene Rätsel
- www.rechneronline.de; verschiedenste Online-Rechner
- www.rot13.de; konvertieren mit ROT13
- www.semacode.com; weitere Infos zu Semacodes
- www.sengpielaudio.com/Farbcodewiderstaende04.htm; Online-Farbcode-Umrechner für Widerstände
- www.sibiller.de/anagramme/; Online-Anagramm-Generator

- sudoku.friko.net/de/; ein weiterer Online-Sudoku-Generator mit der Möglichkeit, das Spiel aufzulösen
- sudoku.sourceforge.net; und noch ein Online-Sudoku-Generator
- turbulence.org/Works/swipe/main.html; Tool zum Dechiffrieren von Barcodes nebst PC-Programm
- www.umrechnung.org; Homepage für verschiedenste Umrechnungen
- de.m.wikipedia.org; die mobile Version vom Wikipedia

Software für den PC

- www.anode.plus.com/spoilersync; Programm, um Spoilerbilder zu laden
- www.bctester.de; ein QR-Code-Entschlüsselungs-Tool für den PC
- cachewolf.aldos.de; Cachewolf ist ebenfalls Freeware, mit vielfältigen Möglichkeiten zum Verwalten von Caches ausgestattet – läuft auch auf Mac u. unter Linux
- www.cryptool.de; mit der Software CrypTool können Sie eine Vielzahl von Ver- und Entschlüsselungen vornehmen.
- www.easygps.com; EasyGPS ist ein Programm mit dem Sie Daten zu und von Ihrem GPS übertragen können. Es unterstützt sehr viele verschiedene GPS-Empfänger und kann die von den meisten Organisationen angebotenen Dateien in den Formaten LOC und GPX verarbeiten. EasyGPS ist Freeware.
- www.fizzymagic.net/Geocaching/; hier finden Sie gpx2html. Es kann GPX-Dateien lesen und die darin enthaltenen Cachebeschreibungen (wie bei den Pocket-Queries von GC) der Caches in einzelne HTML-Dateien schreiben. Dies ist für papierloses Cachen sehr hilfreich. Ebenfalls gibt es FizzyCalc für Windows, womit Sie Koordinaten konvertieren, Entfernungen berechnen und Projektionen durchführen können.
- gapp.globalcaching.eu; ein mächtiger Geocache-Manager für WindowsPCs
- www.gpsinformation.org/ronh/; mit G7ToWin können verschiedene GPS-Dateiformate umgewandelt werden.
- www.routeconverter.de; ein weiteres Tool zum Konvertieren verschiedener Datenformate.
- www.gsak.net; GSAK (Geocaching Swiss Army Knife) ist ein Tool zum Verwalten von Cachebeschreibungen mit vielen verschiedenen Filtern.
- www.seelenreiter.com; Programm, um große Mengen an TBs schnell loggen zu können
- www.quovadis-gps.de; mächtige Software (kostenpflichtig), mit der u. a. Rasterkarten für GPS-Geräte verschiedener Hersteller generiert werden können.

Software für mobile Geräte

- abiro.com/w/mobile-apps/; verschiedene Umrechner für verschiedenste Plattformen
- android.ranitos.de; GeOrg für *Android*
- www.ayefon.com/geo/; iGeocacher für *iPhone*
- www.beetagg.com; QR-Code-Reader für Handys
- www.cgeo.org; c:geo für *Android*
- www.gbhometech.com; Geosphere für *Android*
- www.hentsch.de/gc/gcmt.htm; hier gibt es die kostenlosen Programme GCMT (GeoCachingMultiTool) und Excel-Tool zur Wegepunkt-Projektion
- www.i-nigma.com; ein QR-Code-Reader für Handys
- www.btstsoft.nl/portfolio.html; iGCT und Geocaching Buddy für das *iPhone*
- www.locusmap.eu; Locus Map für *Android*
- www.looking4cache.com; App für *iOS*
- www.mopsos.net; Mopsos für *Windows CE* und *Windows*
- www.nuget.org/packages/Cachely; Cachely für *iOS*
- qrcode.kaywa.com; ein QR-Code-Entschlüsselungs-Tool für Handys
- strandberg.org/gpxview; ein GPXview für mobile Geräte mit *PocketPC* 2002 oder neuer
- www.smittyware.com; CacheMate für *Android*, *PocketPC* und *Palm*
- www.team-cachebox.de; für *Windows*, *Windows mobil* und *Android*
- www.trekbuddy.net; GPS-Anwendung für javafähige Handys, mit der Sie u. a. auch Cachelistings aus PQs lesen können
- zxing.appspot.com; ein Barcode-Reader und -Generator

Infos zu Umweltschutz und Geocaching in Deutschland

- www.bisindenwald.de; Tipps zum Umgang mit der Natur
- www.geocaching.de, eine Liste mit regionalen Ansprechpartnern
- www.geocaching-dialog.de, Tipps zu Konfliktlösungen
- www.geodienste.bfn.de/schutzgebiete
- www.gps.de/geocaching-comic/
- www.natursportinfo.de
- www.natursport-umwelt-bewusst.de
- www.stash-lab.de/dialog-natur
- www.taschen-cito.de
- www.umweltcacher.de

- www.hessen-forst.de/wald-erleben-sport-im-wald-geocaching-2373.html
- www.landesforsten.de/erleben/unterwegs-in-den-nlf/geocaching/
- sites.google.com/site/lateamsgcseiten/fledermausschutz
- www.garmin.com/de/outdoor/geocaching/naturvertraeglich/
- www.wanderbares-deutschland.de/wandern_und_gps/naturvertraegliches_geocaching
- www.wwf.de/fileadmin/fm-wwf/pdf_neu/WWF_Geocaching_web.pdf
- numis.niedersachsen.de; das Niedersächsische Umweltinfomationsportal
- portalu.smul.sachsen.de; das Umweltportal Sachsens
- www.metaver.de; der Metadatenverbund Brandenburg, Bremen, Hamburg, Mecklenburg-Vorpommern, Saarland und Sachsen-Anhalt
- www.uis-mv.de; das Umweltinformationssystem Mecklenburg-Vorpommern
- wiki.groundspeak.com; abweichende regionale Regeln

Geocaching-Vereine in Deutschland
- www.bgcv.de; Bayrischer Geocacherverein e. V.
- www.gcakb.de; Geocaching Altkreis Beckum e. V.
- www.gc-bhv.de; Geocaching Bremerhaven und umzu e. V.
- www.geocaching-im-emsland.de; Geocaching im Emsland e. V.
- www.gcpl.de; Geocaching Paderborner Land e. V.
- www.gckst.de; Geocaching Kreis Steinfurt e. V.
- www.geocaching-nordhessen.de; Geocaching Nordhessen e. V.
- www.geocaching-rheinland.de; Geocaching Rheinland e. V.
- www.gcrheinmain.de; Geocaching Rhein-Main e. V.
- www.gcv-ruhrgebiet.de; Geocaching Verein Ruhrgebiet e. V.
- www.geocaching-schleswig-holstein.de; Geocaching Schleswig-Holstein e. V.
- www.opencaching.de, Opencaching e. V.
- www.ruegener-findlinge.de, Rügener Findlinge e. V.
- www.tgcv.de; Thüringer Geocaching Verein e. V.

Weitere Homepages
mit hilfreichen Infos für das Cacherleben
- www.gpswandern.de/gpxviewer/gpxviewer.shtml; GPX-Dateien hochladen und auf einer Karte anschauen/ausdrucken
- www.maptools.com; Tools zum Arbeiten mit Karten

- de.wikibooks.org/wiki/Knotenkunde_-_Knotenfibel_für_Outdoor-Aktivitäten; Tools zum Arbeiten mit Karten
- www.xctrails.org
- www.der-Gruendel.de und www.cachetool.de; Websites des Autors, wo seine Blogs, verschiedene Tools und Services zum Geocachen zur Verfügung gestellt werden

Und nun auf, die Ausrüstung packen, den Rucksack schnüren und raus zum Geocachen!

Happy Hunting und allzeit die rechten Koordinaten!

Ersatz-Log-Zettel

Datum: Uhrzeit: Nickname: Notiz:

Datum: Uhrzeit: Nickname: Notiz:

Wanderführer mit Geocaches
aus dem Conrad Stein Verlag

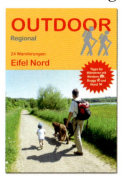

24 Wanderungen
Eifel Nord

Ingrid Retterath
OutdoorHandbuch Band 340
Regional
160 Seiten ▸ 78 farbige Abbildungen
24 farbige Karten ▸ 24 farbige Höhenprofile

ISBN 978-3-86686-427-6

>> **Fotografische Reisen und Wanderungen:**
„Ein Rundumpaket auf wenigen Seiten."

25 Wanderungen
Taunus und Rheingau

Andrea Preschl
OutdoorHandbuch Band 344
Regional
159 Seiten ▸ 68 farbige Abbildungen
29 farbige Karten ▸ 27 farbige Höhenprofile

ISBN 978-3-86686-552-5

>> **Fotografische Reisen und Wanderungen:**
„Eine klare Bereicherung der Wanderführer-Bücherwelt."

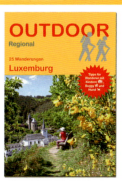

25 Wanderungen
Luxemburg

Astrid Holler
OutdoorHandbuch Band 377
Regional
160 Seiten ▸ 72 farbige Abbildungen
26 farbige Karten ▸ 25 farbige Höhenprofile

ISBN 978-3-86686-490-0

>> **welikebooks.de:** *„Informativ, gut beschrieben und selbst erwandert liefert die Autorin hier einen perfekten Reisebegleiter für aktive Menschen"*

Wanderführer mit Geocaches
aus dem Conrad Stein Verlag

22 Wanderungen
Island

Erik Van de Perre
OutdoorHandbuch Band 327
Regional
157 Seiten ▶ 66 farbige Abbildungen
26 farbige Karten ▶ 23 Höhenprofile

ISBN 978-3-86686-498-6

>> **Besprechungsdienst für öffentliche Bibliotheken:** „*... ausführliche Beschreibungen mit Hinweisen auf Varianten und Hintergrundinfos.*"

Nibelungensteig

Andrea Preschl
OutdoorHandbuch Band 364
Der Weg ist das Ziel
128 Seiten ▶ 46 farbige Abbildungen
13 farbige Kartenskizzen ▶ 13 farbige Höhenprofile

ISBN 978-3-86686-414-6

>> **welikebooks.de:** „*Dieser Wanderführer ist für den Nibelungensteig die erste Wahl.*"

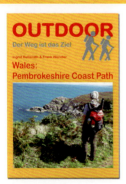

Wales:
Pembrokeshire Coast Path

Ingrid Retterath & Frank Wendler
OutdoorHandbuch Band 242
Der Weg ist das Ziel
192 Seiten ▶ 54 farbige Abbildungen
13 farbige Karten

ISBN 978-3-86686-242-5

>> **ekz:** „*Die Autorin beschreibt sehr ausführlich 35 Etappen, die in etwa 12 Tagen bereist werden können.*"

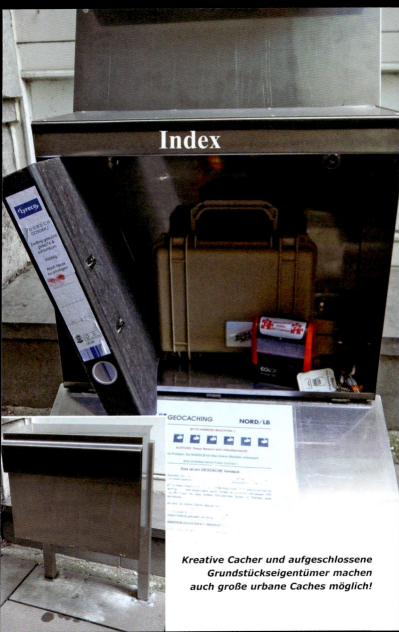

Kreative Cacher und aufgeschlossene Grundstückseigentümer machen auch große urbane Caches möglich!

10 Years! Event Cache	24

A

Ablassen	121
Abseilachter	76
Abseilcaches	117
Abseilen	120
Achterknoten	118
Adventskalender	110
Alphabet	167
Analoge Uhr	187
Angelcache	27
Anhalter	36, 44
Ankerstich	119
ASCII-Codes	197
Aufstieg am Seil	121
Aufzuchtphase	144
Augenmaß	82
Ausreden	147
Ausrüstung	55
Autobahncaches	112

B

Badesachen	67
Baumhöhlen	143
Bekleidung	66
Benchmarks	24
Besondere Cachetypen	22
Beweglicher Cache	26
Bewegungsmelder	116
Binäre Zahlen	170
Bits	68
Blaues Forum	45
Blindenschrift	164
Borreliose	145
Brutphase	144
Bundeszeugkammer	52

C

Cache-Behälter	127
Cache-Corner	52
Cache-Kontor	52
Cache-Note	131
Cache-Wartung	128
Cacher Reisen	46
Cachereparatur	78
Caches	18
CGA	59
Challenge-Cache	27
Chirp	27
CITO-Event	22
Codesonne	200

D

Dämmerungsschalter	116
Deutsche Geocaching Meisterschaft	109
Deutsche Wanderjugend	8
Difficulty	31
Digitale Uhr	186
digitalfish	44
Dosenfischer	46
Draht	62
Drive-In	25
Dymoband	103

E

Earthcache	21
ECGA	67
Echtzeitcache	28
EGNOS	95
Elektronische Schaltungen	115

Encyklias Postbox	46	Geocaching	12
Entschlüsselungen	162	Geocaching-Events	109
Ersatzbatterien/Powerbank	59	Geocaching-Franken	46
Ersatzdosen	79	Geocaching-Magazin	47
Erste-Hilfe-Set	65	**Geocaching.com**	**17, 84**
Euro	203	*Account*	*85*
Event	21	*Einstellen*	*88*
Event Cache	26	*Loggen*	*87*
		Suchen	*85*
		Watchlist	*87*

F

Falk	59	geocaching.de	48
Faltschüssel	69	GeoChecker	48
Farbkennung	202	Geocoin	38
Favoritenpunkte	36, 100	Geocoinshop	53
Fernglas	68	GeoKretys	44
Feuchttücher	60	Geolutins	44
Fingeralphabet	188	Geopin	43
Flaggencode	196	GeoTag	43
Fledermäuse	143	Geotoken	42
Fox-Code	187	GeoTours	111
Freimaurer	190	geschützte Tiere	143
FSME	145	GIFF	48
Fuchsbandwurm	146	Giga-Event	21
Funk	77	gocacher	48
Funktion von GPS	15	GPS	56, 95
		GPS Adventures Maze Exhibit	22

G

Garmin	59	Greifer	68
GC-Slang	153	Größen	30
gclogbuch	47	Groundspeak Block Party	24
GCVote	47	Groundspeak Headquarters	22
gearforcacher	53	Groundspeak Inc.	17
geeigneter Ort	129	Grundausstattung	59
Gefahren	144	Grünes Forum	45
Genauigkeit	95	Gummistiefel	69
GeoArt	111	Gurt	74

H

Handschaufel	69
Handschuhe	60, 73
Handtuch	67
Handwärmer	73
Handy	165
Heißkleber	78
Helm	74
Hering	62
Hexadezimale und binäre Zahlen	170
Hirschlausfliege	146
Historie	14
hitchhiker	36
HMS-Karabiner	75
HMS-Knoten	118
Höhenangaben	97

I

Infrarot	116
Innenvierkant	68
Internet	84

J

Jäger	113
Jeep	41

K

Karte	71
Kartenbezugssystem	98
Kartengitter	98
Kletterausrüstung	74
Klettercaches	117
Knieschoner	69
Kompass	71
Konstanten	204
kyrillische Alphabet	162

L

Lab-Cache	22
Large (L)	31
Laser	116
Letterbox Hybrid	20
Links	205
Literatur	149
Locationless	23
Lockpicking-Cache	29
Lockpicking-Set	69
Loggen von Caches	33
Logzettel	80
Lost-Place-Cache	29

M

Magellan	59
Magnet	63
Magnetfolie	103
Maße	203
Mathe-/Physikcache	26
Mega-Event	21
Micro (XS)	30
Mixi.Tv	48
Morsealphabet	164
Müllbeutel	143
Multi-Cache	19
Multicache	25
Multimeter	70
Mystery/Puzzle	19

N

Nachtcache	29
Nachtcaching	112
Nachtsichtgerät	71
Nano	30
Natur	82, 142

naturverträglichen Geocachen 124
navicache **18, 93**
Account *93*
Einstellen *94*
Loggen *94*
Suchen *93*

NAVSTAR GPS 16
nicht fündig 107
Nordreferenz 98, 107
Notennamen 196
Notizbuch 59

O

Opencaching.de **17, 89**
Account *90*
Einstellen *92*
Loggen *92*
Suchen *90*
Watchlist *92*

Organisationen 16
Other (other) 31

P/Q

Pathtags 44
PC-Tastatur 166
Periodensystem 191
Perlenketten 197
Petition 144
Pinzette 62
Polybius-Code 188
Position 130
Positionsformat 107
Powertrails 112
Project A.P.E. 22
Project-GC 49
Projizieren 99
Prusik-Knoten 119
QR-Code 104

R

Rätselcache 25
Reaktive Lichter 116
Reepschnur 76
Reflektoren 114
Regelwerk 124
Regular (M) 31
Reißzwecken 196
Richtlinien 124
Richtungsangaben 96
Römische Zahlen 168
ROT-13 164
Runen 191

S

S.S.o.C.A. 49
Sackstich 118
Satmap 59
Saugnapf 68
Schlauchband 76
Schnur 63
Schraubenschlüssel 65
Schraubkarabiner 75
Schraubverschlüsse 79
Schuhwerk 66
Schwierigkeitsgrade 31
Seil 75
Serien 110
shop4geocaching 53
Sicherheitshinweise 11
Sichern 120

Small (S)	31	Unbekannter Cachetyp	26
Smartphone	56	UV-Lampe	64
Souvenir	45	UV-Licht	103
Spiegel	62		
Stammtöne	196	**V**	
Steigklemmen	76	Verschlüsselungen	162
Stempel	65	Verstecke	101, 134
Stifte	59	Verstecken	123
Stipprute	71	Virtual	23
Stirnlampe	62	Virtueller Cache	26
Suchen	100	Vorbereitungen	105

T

W

T5er-Kurse	117	WAAS	95
Tangram	200	Walk-in-Shops	52
Tarnen	131	Wandercaches	71
Taschen-Cito	49, 143	Wanderstöcke	72
Taschenlampe	61	Wartung	78
Taschenmesser	61	Waymarking	50
Taschenofen	73	Webcam	23
TB-Run	50	Webcam Cache	26
Teasi	59	WGS84	98
Telegrafenalphabet	166	Wherigo	20, 50
Terrain	32	Winkeralphabet	189
Themencaches	111	Winterquartier	143
Thermosflasche	73	Wood Geocoin	44
TowNav	59		
Traditional	19	**Z**	
Travel Bug	36	Zahlen der Maya	186
Tüten	78	Zange	61
Typen	18	Zecken	144
		Zielgebiet	105
U		Zollstock	64
Ultraviolette Farbe	117		
Umrechnungskurse	203		
Umwelt	82, 142		